你的时间有限，不要为别人而活

[日] 熊谷正寿 著

赵净净 译

中国友谊出版公司

图书在版编目（CIP）数据

你的时间有限，不要为别人而活 /（日）熊谷正寿著；赵净净译 . -- 北京：中国友谊出版公司，2022.12
ISBN 978-7-5057-5556-7

Ⅰ. ①你… Ⅱ. ①熊… ②赵… Ⅲ. ①时间—管理—通俗读物 Ⅳ. ① C935-49

中国版本图书馆 CIP 数据核字（2022）第 161333 号

著作权合同登记号　图字：01-2022-3596

ISSATSU NO TECHO DE YUME WA KANARAZU KANAU: NARITAI JIBUN NI NARU SIMPLE NA HOUHOU" by Masatoshi Kumagai

Copyright © Masatoshi Kumagai, 2004
All rights reserved.
First published in Japan by KANKI PUBLISHING INC., Tokyo.

This Simplified Chinese edition is published by arrangement with KANKI PUBLISHING INC.,
Tokyo in care of Tuttle-Mori Agency, Inc., Tokyo

书名	你的时间有限，不要为别人而活
作者	［日］熊谷正寿
译者	赵净净
出版	中国友谊出版公司
发行	中国友谊出版公司
经销	新华书店
印刷	三河市冀华印务有限公司
规格	880×1230 毫米　32 开 6 印张　114 千字
版次	2022 年 12 月第 1 版
印次	2022 年 12 月第 1 次印刷
书号	ISBN 978-7-5057-5556-7
定价	52.00 元
地址	北京市朝阳区西坝河南里 17 号楼
邮编	100028
电话	（010）64678009

如发现图书质量问题，可联系调换。质量投诉电话：010-82069336

前　言

想必读者中有人会说："手账的话，我也在用啊。用来做日程管理无可挑剔，用来记笔记也很不错。"

我认为，只是用手账来做日程管理或记笔记的话，很遗憾，手账的作用其实只发挥了极小的一部分。把手账当作功能单一的办公用品是一种极为浪费的用法。

手账可以成为帮你做人生管理，助你实现人生梦想强有力的工具。

"一本手账，足以左右人的一生。"

这绝不是夸大其词，事实上，自从我与手账结缘，人生便发生了翻天覆地的变化。故事要追溯到20年前。

当时，我才21岁，明明每天都很努力，却总感觉每天都在白忙活。为此，我感到惴惴不安，每天都在与内心的不安做斗争。我17岁时，从高中退学，开始协助父亲的工作。21岁时，我已经结婚，并育有1个女儿。

然而，尽管我每天从早到晚忙得不可开交，却没挣到什么钱，生活依然很艰难。我对自己的未来没有任何憧憬，感觉自己只是虚度时光，内心焦灼不堪。

我到底想做点什么，又该如何去做呢？

就这样每天稀里糊涂地过日子，能行吗？

必须想想办法呀！

从那时起，我读了很多书，大多数是成功人士的传记。从这些人的经验中，我发现了两个通用的技巧：第一，确定目标；第二，把这个目标写下来、说出来，让它变成潜意识。

茅塞顿开后，我得出了这样一个结论：

如果没有明确的目标，当然不知道应该往哪里走，应该走多远。所以，首先要把人生梦想和目标确定下来。

于是，我开始思考自己的长期计划，并把它写了下来。通过把头脑中模糊不清的梦想写成文字，把它变为肉眼可见的形式，从而使它转化为对自己的强力支撑。

把梦想写下来以后，感觉内心莫名其妙地舒畅起来，充满了干劲儿。

好不容易把梦想写下来了，如果把它束之高阁，那它就只是几个胡乱涂写的文字而已。要每时每刻都把梦想记在心里，则有必要让它跟自己寸步不离。出于这样的考虑，我想到了利用手账。

在我看来，能够用来记录梦想和目标，并且可以随身携带的手账，能够迸发出帮助自己走向理想人生道路的强大力量。

于是，我立刻把梦想和实现梦想的规划都写进了手账。并且，为了保证自己一刻都不忘记这个梦想，我走到哪里都随身携带手账，仿佛手账已经成为自己身体的一部分。

把梦想写进手账，并随身携带，只需要这样做，我们就不会再遗失自己的梦想。坚持这样做的效果如何呢？我在当时的手账上写下了许多目标和梦想，其中一个如下所述：

"35岁之前成立自己的公司，并成功上市。"

当时，身边的人听到我这个梦想后都很惊讶，认为我这个梦想太脱离现实了，根本不可能实现，并对此嗤之以鼻。

在之后的15年里，我成立了自己的公司——GMO Internet株式会社（后更名为GMO），并于35岁零1个月时，实现了公司上市的目标。尽管比原计划推迟了1个月，却实现了大家都觉得"不可能"的梦想。

最近，我在接受报刊等媒体采访时，经常被问道："你为什么能实现自己的梦想？"当然，原因有很多，不过，我一般都这么回答：

"因为我有梦想和手账。没有这两样东西，就不会有现在的我。"

听到我这样说，可能有人说"一定是很特殊的手账，想必使用方法也很复杂"，还可能有人说"原来实现梦想的秘诀，就在于日程管理呀"。

这两种说法都不正确，我只是以很简单的方式，使用着极其普通的手账。手账的确在日程管理方面发挥着重要的作用，但我认为，手账最好的使用方法，是用它来做人生管理和生活方式管理。

的确如此。本书不是为了讲手账的正确使用方法，而是为了告诉大家，"要去实现自己的梦想，成为理想中的自己"。实现这些所必需的，只是一本手账而已。

我资历尚浅，在这里为大家提供人生建议，未免太自不量力、太过狂妄了，只是由于出版社盛情难却，才下决心付梓。

如果我的个人经历能够为读者带来一点启示，我将感到不胜荣幸。

熊谷正寿

目录 Contents

Chapter 01 让理想中的自己进阶为理想中的人生 / 001

重要的梦想就该随身携带 / 003

写出来的梦想,才会拥有更多动力 / 005

把"想做"变为"要做",再变为"行动" / 006

依赖记忆是件危险的事 / 008

填满梦想、行动与思维,让手账越来越厚 / 010

Chapter 02 制作时间计划年表,朝着目标迈进 / 015

打破你的固有枷锁,才能缩小差距 / 017

把每天都当作最后一天 / 019

有强烈愿望才能脱颖而出 / 020

一切畅想都不可忘记前提 / 022

向目标迈进吧 / 027

直面现实,虽痛苦却不能逃避 / 035

先把"破灭"的担心彻底消除 / 036

别再陷入年计划的陷阱 / 038

Chapter 03

理想人生之路，属于时间计划年表 / 041

用强烈的意志唤醒动力 / 044

可视化梦想更有魅力 / 045

收集信息，扩展目标版图 / 047

与其许下愿望，不如想想怎么做 / 049

付诸行动，接受变化 / 051

把信息转化为"重要路标" / 054

列出待办清单而不是被任务裹挟 / 057

未能实现的目标就需要重新审视 / 058

当思想偏离正轨，请使用核对清单 / 060

督促也是行动的动力之一 / 063

另辟蹊径，别有洞天 / 064

Chapter 04

为自己而活的十个基本法则 / 071

什么时候完成都可以就是永远都完不成 / 073

树立小旗帜，完成小目标 / 075

把"重点是什么"作为口头禅 / 079

你无法解决的问题，不会发生在你身上 / 083

终生学习 / 084

可学的东西数不胜数 / 087

先思考，后行动 / 089

能带来良性刺激的人更要积极相处 / 091

信赖就是绝佳攻击力 / 093

感恩一切，问题也会迎刃而解 / 096

Chapter 05　实现自我的路上，信息必不可少 / 101

尽全力向目标迈进，就要避免遗忘 / 103
比起"记住"，更重要的是"找到" / 106
梦想、红笔与比较 / 107
先"看"后"读" / 110
在空白处创造价值 / 111
如何兼具效率与效果 / 114
整理从大小统一开始 / 117

Chapter 06　用有限的时间创造无限的价值 / 119

如何大幅提高效率 / 121
多用"同时做 N 件事" / 122
为时间投资 / 125
灵活"创造"时间 / 128
把妨碍集中思考的要素拒之门外 / 130
在整理中节省时间 / 133
高效沟通法则 / 135
合理处理邮件 / 137
高效休息法 / 140
"灵感"的诞生 / 142

Chapter 07

高速成长的十六个基本法则 / 145

比金钱更重要的 / 147

自主性提升 / 150

目标力量 / 152

通过"预期管理"及早获取数据 / 154

决策的基准 / 156

永不厌倦 / 157

没把握做到第一，就不要去做 / 159

打造实力 / 161

细节定成败 / 165

把优秀人才打造成明星 / 166

55 年计划 / 169

开放式信息共享 / 171

把志向统一 / 172

何谓风险企业 / 175

每个人都该拥有的实用工具 / 176

目标信念 / 178

后　记 / 181

让理想中的自己进阶为
理想中的人生

重要的梦想就该随身携带

我是个"手账狂",平时一直把常用的手账随身携带。之所以这样做,原因有很多,接下来会在本书中一一介绍。最重要的一个原因,可以用一句话来概括:

"因为有助于实现自己的梦想。"

手账和梦想,这两者之间其实有着非常密切的联系。

每个人都有自己的梦想。人的一生中,总会有许许多多的梦想,有大梦想,也有小梦想,可是,提到实现梦想的具体方法,是不是感觉大脑一片空白?大家有没有类似的经历:心里很迫切,却迟迟无法接近梦想?

实现梦想的一个方法,就是把梦想写进手账——把未来的目标、想做的事、人生规划等全都写进手账,并且把手账随时带在身上。

"随身携带"这一点非常重要。

大家一定都有许多目标和梦想,可是,这些只是混沌地停留在大脑中。如果自己的重要梦想只是茫茫然"飘浮"在大脑中,不知道哪天会想起来,也不知道哪天就会忘记,这样的梦想还有可能实现吗？也许不知道哪一天，自己的梦想就会变小，甚至消失得无影无踪。

此外，可能还会有人把梦想和目标写在漂亮的彩纸上。这种做法至少比让梦想停留在大脑中要好。可是，那张彩纸现在在哪里呢？是不是贴在书桌前或放在神龛上，已经蒙上了一层灰尘呢？

实现梦想绝非一件容易的事，计划性与平时的努力都不可或缺。所以，只在"突然想起来时"或"坐在书桌前，看到那张彩纸时"冒出要追逐梦想的想法，则绝不可能实现梦想。

所以，要把梦想写进手账。无论是去洗手间还是洗澡时，保证手账片刻不离身，随时能够拿起来翻阅。这样一来，就能做到每天、每小时、每分、每秒都不忘记梦想，并朝着梦想前进。

手账是用来提高梦想实现精确度的有力工具，被使用的频率越高，手账发挥的作用就越大。因此，我强烈建议大家把手账以及写进手账的重要梦想随身携带，片刻也不离身。

◯ 写出来的梦想，才会拥有更多动力

也许是因为我从事着与互联网相关的工作，所以经常有人误以为我深度依赖数字化世界。说起"喜欢用手账"，也经常会被人误解，对方会认为"估计也是电子手账吧，要么就是在电脑上做日程管理"。

对于手账，我的建议是，要选择纸质手账，而不是电子手账。写字的笔也要选择铅笔，而不是键盘或电子笔。特别是在选择手账的问题上，选用实物式的手账更高效。

当然，用电脑在网上收集信息、通过邮件或聊天软件与别人沟通、用 Excel 制作核对表等，都非常便利。只是，要整理思绪的话，目前还是实物式手账更有优势。

"手写"这个操作方式可以把自己的思想强烈地反映在文字上。换个更通俗易懂的说法：我们在写字的过程中，可以把自己的感情植入文字。

比如，写"梦"这个字，手写一共需要运笔 11 次。自然而然，写完后会对写出来的字多一份感情。相应地，大脑也会把它作为一个重要的字保存下来。如果用键盘打这个字，则只需

要敲打两个或四个按键，然后点击"确认"键即可，"梦"这个汉字瞬间就呈现在电脑上了。非常快捷，却缺少了自己用手一笔一画写出来的真实感。而且，由于得来太容易，好像有种自己对这个字寄托的感情遭到轻视的感觉。

这种感觉就好比亲手做出来的饭菜，相比用烤炉做出来的饭菜，更能"传递制作者的心意"一样。

归根结底，要想往大脑中输入某种重要的信息，边写边记是最基本的方法。在学校里学习也是一样。我就经常通过书写来记汉字和英语单词，也经常通过抄写教科书上的重点内容来向大脑输入"这部分内容很重要"的信号。通过书写文字的动作，让自己的头脑逐渐"成长"起来。

我相信，人生视野也可以通过"手写"这个动作而变得更加开阔。

● 把"想做"变为"要做"，再变为"行动"

我不使用电子手账，而用纸质手账的原因还有一个：实物式手账便于翻阅。

"哗哗"地一页页翻过去，这是用电子手账无法实现的一项功能。用电脑记录，好不容易写出来的信息却不能随意翻阅，很可能最后就放任不管了。

总之，即使你让电脑的存储器记录了某些东西，那也只是电脑在记录，而自己的大脑很可能会彻底忘记曾经让电脑记过这些东西。

相对而言，把要记录的内容写在实物式手账上并随身携带就可以把它放在随时能看到的地方。我不仅喜欢把重要的事情写在手账上，还习惯于反复翻阅所写内容，因为不想写完就放任不管了。

我只要一有空闲，就会一页页地翻阅手账。每一次重新读到那些文字，都能回想起写下它们时的心情。我深信，反复翻阅有助于在自己的头脑中把要做的事转变为潜意识，并付诸行动。

一有什么新想法，就立刻动手写下来。反复读上多次，实现愿望的心情就会越发强烈。有了这样强烈的心情，朝着梦想努力的动力会越来越大。水到渠成，写下来的梦想就能得以实现。

写出"理想中的自己"，并写出相应的行动计划，就能创造出理想的人生。

这么说并不夸张，事实上，我就是抱着对未来的憧憬，写下了自己想到的愿望清单，以及为了实现这些清单的"未来年表"。把为实现梦想所需采取的行动，以及给自己带来启发的语句和文章等，一一亲笔写在手账上。

并且，在早上起床时、吃饭时、通勤车上时、上厕所时、晚上临睡前……只要一有空闲，就会一页页地重读手账。这样做，可以让自己一心想着完成未来年表的计划，并采取相应的行动，从而走上理想的人生之路——正如手账上所写的那样。

在这个数字化风潮达到鼎盛的时期，请不要忘记，承载着手写文字的实物式手账，拥有着无与伦比的威力。理想人生，始于把反映思想的文字写进手账。

● 依赖记忆是件危险的事

建议大家在与人谈话时务必翻开手账。之所以这样说，是因为人类的记忆力实在是很有限。请问大家，现在还能准确地回忆起昨天的所见所闻吗？另外，人们往往只会记住跟自己息息相关的事情。因此，把想记录的内容写在纸上非常重要。在听别人讲话时，不翻开手账做笔记的人，要么是记忆力超群的天才，要么就是缺乏问题意识的人。

写在手账上之后，自己的想法和信念就不会摇摆不定。无论是对自己还是对他人，无论过了多少年，都能坚持同样的观点。

也许会有人觉得我是"老顽固"，事实并非如此。有时候，我也会出现"朝令夕改"的情况。只不过，忘记自己以前发言的朝令夕改，与坚持自己想法的朝令夕改，分量与意义是截然不同的。

此外，已经写在手账上的事情，就可以放心地抛之脑后了。大脑容量会被腾空，专门用于眼前更重要的事情。用电脑打个比方，就像把存储在内存卡上的内容，转存在软盘、MO 盘（磁光盘）和闪存卡上一样。

把电脑的内存清空后，电脑会运转得更快。人类的大脑也是，要记的东西越少，运转得就越快。

我以前的一个朋友，曾经不无得意地说："我有一个朋友，他记忆力超级好，他的大脑一定很空。我每天要见很多人，要往大脑里输入一大堆新信息，之前的记忆就会自然而然地被淘汰。就连昨天上司交代的工作都能忘得一干二净。"听到他这么说，我感到很奇怪。因为在我看来，利用手账把大脑中错综复杂的信息梳理一番不就行了？明知道记忆有一定的限度，还继续依赖记忆，这么做岂不是很危险？

一股脑地向大脑输入很多信息本身不是问题，但是如果把"昨天上司交代的工作都忘掉"的话，信息也就丧失了价值。不把它存放在大脑中，全部"吐露"给手账，岂不是更有效？

　　这样看来，不妨说手账就是人类大脑的一部分。把自己大脑的一部分遗忘在家里或公司的办公桌上，这种情况无论如何是不可能发生的。

◯ 填满梦想、行动与思维，让手账越来越厚

　　尽管统称为手账，但其实手账可分为很多种。小至小记事本大小，大至大笔记本大小，大小不一，素材也种类繁多。

　　想必读者中会有人说："只要能写字就行，什么样的手账都无所谓。"可是，难得选了它来做你的人生伙伴，不妨在选择手账时考究一点。

　　我决定把手账作为管理人生的工具时，就下定决心"把与自己未来相关的一切信息都写进手账，并随身携带。随时添加笔记，时刻以它为参照，并采取相应的行动"。我还读了好多本书，研究如何提高整理信息的效率。当然，还读了许多以"手账艺术"为主题的书。

　　最终，我总结出了三种手账使用方法：以理想中的自己为主题的"梦想手账"；为管理自己的行动，以实现理想未来的

"行动手账";还有归纳总结行动和思考重点的"思维手账"。由这三部分共同构成了"熊谷原创手账"。

可是,要把这三部分汇总在一本手账中,手账大小就必须合适。最初,我使用的是 SD(System Diary)手账。这是一款较受大众喜爱的手账,知名度很高。还记得当时好像是出于虚荣心买了一本,感觉拿一本这种手账很时髦。

只是写一写每天的安排、记录会议或商务谈判的内容、记录行动中想到的问题的话,这种 SD 手账倒是足够了,但要把梦想手账、行动手账和思维手账这三种手账汇总在一起的话,我感觉 SD 手账有点不够用了。因为 SD 手账的书写空间较小,且装订的页数有限。

梦想增多后,为实现梦想所要采取的行动也会变得越来越多样。再加上,想摘抄的信息每天都在增加,又小又薄的手账很快就会被写满。

相反,手账太大也会令人头疼。A4 或 B5 大小的手账要随身携带会特别不方便,恐怕过不了多久就会被扔在桌子上不管了。

这样一来,内容就会迟迟得不到更新,也无法按照计划采取行动了,手账会面临丧失功能的危险。前面也提到过,手账被使用的频率越高,它的作用才能越得到发挥。

最终敲定下来的,是我现在使用的活页式手账,大小跟 64 开的《圣经》一样,由 File Fax 公司出品的 System 手账。选择它的第一个原因，是它的大小正好适合随身携带。

如果比64开的《圣经》更小的话，可书写进去的内容会太少。后面会详细介绍到，我在手账上记笔记时，坚持一条内容写一行的原则。所以，如果手账的尺寸小于64开的《圣经》的话，一行根本不够写一条内容。

此外，我有时候会把Power Point等由电脑软件制作的资料缩印后贴在手账上，手账要适合阅读缩印文件，尺寸也的确不能比64开的《圣经》还小。

活页式手账，既能不停地添加纸张，还便于把以前的部分拿出来另行存放。使用方便这一点也令它颇有魅力。

作为一种必要工具，这种手账与需要时常放在手边作为参考的梦想和信息完美匹配。这款手账设计之精良，令我钦佩不已。

可是，即使尺寸跟64开的《圣经》一样大，如果一直添加内容，它就会越来越厚，所以要把目前工作中利用频率较低的信息收纳进其他手账，放在办公桌或家里，对要随身携带的内容进行取舍。

即便如此，我的手账还是过于"肥胖"，常常被误认为小收纳包。在机场，也经常被机场工作人员误认为是小收纳包，"请把这个包打开给我看一下"。

手账厚是件好事。正因为有梦想和目标，梦想手账、行动手账和思维手账才会越来越厚；正因为有问题意识和上进心，要写进手账的内容才会越来越多；手账厚，说明手账主人的满腔热情既"诚挚"又"坚韧"。

此外，File Fax 出品的手账封皮略宽松，以配合手账厚度增加。这也是这款手账的一个优点。

制作时间计划年表，朝着目标迈进

● 打破你的固有枷锁，才能缩小差距

尽管我想立刻开始为大家介绍手账的使用方法，但在这之前，还有一项重要的工作要做：既然要利用手账管理自己的梦想和人生，那么首先要把自己的梦想和人生目标确定下来。不把梦想确定下来，即使拥有手账，也只是流于形式。

首先，要认真思考自己的长期梦想、目标和愿望，并试着把它们作为愿望清单写下来。"把自己的愿望写下来"，说起来简单，其实做到并不容易。刚开始很可能进展得不顺利，不过，只要开始意识到了梦想，就会在各种各样的日常场景中萌生出"这个也想做，那个也想做"的想法。

例如：和别人一起喝酒时，会产生"好想像他一样"的愿望；读杂志时，会产生"想坐一坐这种汽车""想穿一套这样的衣服"的憧憬；观看电视上的旅行节目时，会产生"好想住一下这种酒店"的想法。

这种毫无关联的事情会在大脑中留下痕迹，与梦想产生关联。

每次有了新的想法，就把它记下来，写进愿望清单中。

- 017

例如：

希望成为某个领域首屈一指的青年实业家。
希望能成为走进一流餐厅，享受一流服务的大人物。
希望提高自己的英语对话水平，达到日常对话完全无障碍的程度。
希望成为让妻子开心的丈夫，总是对孩子和颜悦色的好爸爸。
希望把体重控制在70千克以内。

其他人看到这些清单，可能会嘲笑你"痴人说梦"，但是，写这份清单本来就不是为了给别人看的。每个人拥有什么样的梦想，是他的个人自由，跟别人如何看待毫无关系。

关于拥有梦想，大部分人会考虑"梦想是否符合身份"，从而限制了自己。这样做是毫无意义的。人的"身份"，在人们朝着梦想努力后可以逐步提升，而不应该把它作为限制梦想的标尺。制作愿望清单时，不需要让任何人过目，要忘记"身份"之类的枷锁，自由发挥自己的想象力。这一点非常重要。梦想正因为高于现实，才被称为"梦想"。人生的成就感，就在于努力缩小梦想与现实之间的差距。

● 把每天都当作最后一天

谈到制作愿望清单、努力实现梦想的话题，经常会有人感叹"想不起来到底有什么想做的事"，或者说"考虑根本不可能实现的梦想，不是徒劳吗"。不过，人们并不是"不想成为理想中的自己"，一百个人中间，应该有一百个人都抱有"成为理想中的自己"的愿望。

那么，在采取行动之前就放弃梦想会怎样呢？从把梦想从大脑中驱除的那一刻起，我们实现梦想的行动力就被剥夺了。

对于有这样想法的人，我的建议是，问问自己："如果明天就要死去，我还有什么想做的事？"或者问问自己："如果知道明天就会死去，我会为没有做什么事而后悔？""如果能够重新投胎，我下辈子想做什么？"总之，选择容易让自己想出愿望的问题即可。

另外，把时间、金钱、自己目前的能力等排除在考虑范围之外，试着从零出发去思考自己的理想人生，并把它写下来。这样做的话，想必每个人都能轻轻松松地列出一二十项愿望清单。

我想拥有一辆法拉利。
我想在网络上公开自己的个人主页。
我希望自己的销售业绩能达到全国前十名。
我想不依靠字幕就能正常地观看美国电影。
我想通过炒股获得一笔启动资金，发展自己的事业。
我想成为高尔夫运动领域的佼佼者。
我想试着写一本小说。
我想再读一次大学，学一门专业技艺。
我想建一栋可住两代人的房子。
我想退休后回老家，享受田园生活。

梦想不分大小，可以自由选择。
不妨说，最重要的一点，是要把在大脑中模糊不清并因此迷失了方向的梦想，一一写下来。

● 有强烈愿望才能脱颖而出

下面再介绍一条线索，用来帮助大家顺利地在纸上写下梦想和愿望。思考一下，为什么梦想对我们来说很重要。梦想为什么重要？这是因为人们不可能超越理想中的自己。

请想一下，奥运会的金牌获得者，他们绝对拥有明确的梦想——获得金牌。稀里糊涂地训练，稀里糊涂地参加比赛，结果一不小心拿到了金牌，这样的人根本不存在。金牌获得者只可能从对获得金牌有强烈愿望的人群中脱颖而出。

人生也是如此。如果一个人的梦想只是"厌倦了穷困的生活，能有吃得起饭的钱就行"，那么他再怎么努力也只能达到这个程度。

也许仍然有人不知道应该树立什么样的目标才好，我的建议是，多跟别人交流。

如果你有崇拜的人，不妨多观察这个人的生活、思想和世界观。事实上，我也是通过与很多人打交道，开始拥有多种多样的梦想，使梦想越来越丰富多彩的。

我把从中发现的梦想和愿望写在愿望清单上。制作愿望清单的优点之一，是通过制作清单令自己踏实下来。当你试着去制作清单时，你就能体会到，随着你写下一项又一项的内容，内心的不可思议和焦灼感竟然消失得无影无踪了，心情会变得舒畅起来。我在制作清单的过程中，也有过这样的经历。

"我既没有钱，也没有学历，现在过得很艰难。可是，我不是还拥有这么多的梦想吗？"

我至今还记得，把愿望写下来后，实现愿望的想法变得很强烈，内心的干劲儿也越来越足。无论现实多么艰难，只要拥有梦想，人都能从苦难中解放出来。不可思议的是，或许是因为梦想转化成了具体的文字，梦想就拥有了"落脚处"，内心竟然慢慢平静了下来。

再次确认"我有着这样的梦想呀"，朝着梦想努力的干劲儿就会涌现出来。

●一切畅想都不可忘记前提

接下来，要把愿望清单上列出来的梦想分散到"梦想·人生金字塔"的各个部分。我把它分为六个部分，分别为"健康""学识·知识""心灵·精神""社会·工作""个人·家庭""经济·物质·金钱"。之所以称为"梦想·人生金字塔"，是因为把这六个部分像图2-1中那样分为了三个阶段，即"基础阶段""实现阶段""结果阶段"。

就我个人而言，20多岁时的目标是实现"基础阶段"的梦想。其中最重要的部分是"健康"，另外两个课题分别为"学识·知识"和"心灵·精神"。在"实现阶段"，分布着"个人·家庭""社会·工作"。在"结果阶段"，则有"经济·物质·金钱"。也就是说，在这个金字塔中，"最重要的是健康，其次是拥有能

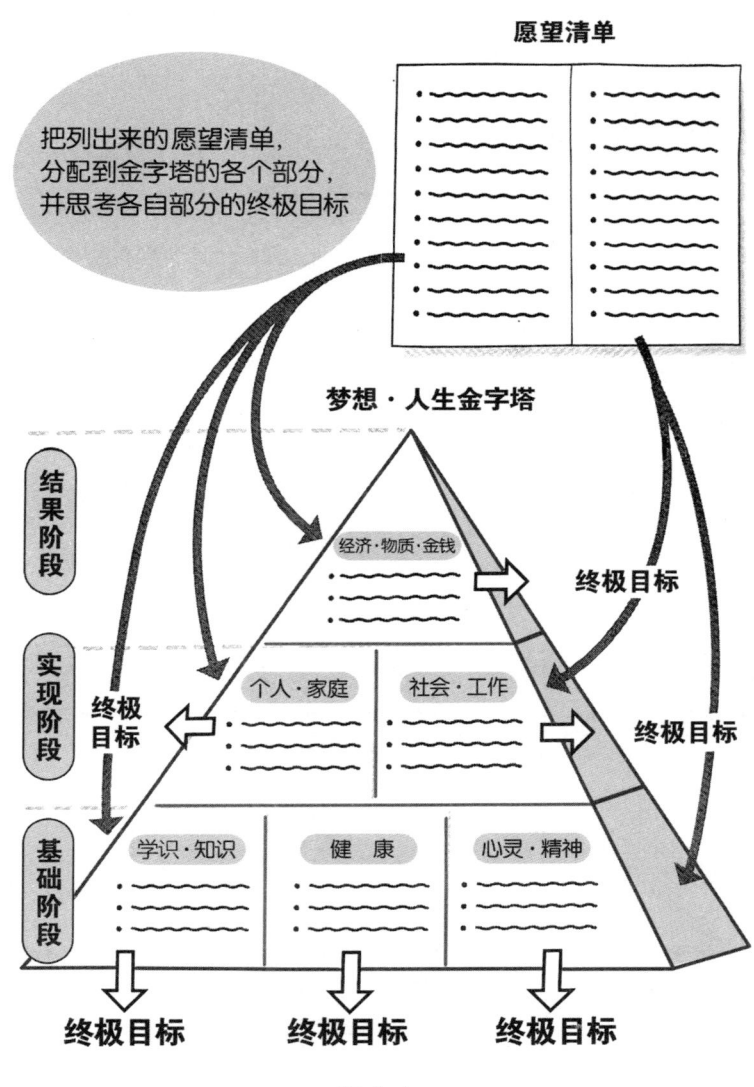

图 2-1

梦想·人生金字塔示例

结果阶段

实现阶段

终极目标
有一个舒适的、充满欢声笑语的家庭

・希望每年举行几次全家旅行
・希望在郊外有一栋房子
・希望多陪陪孩子
・希望帮助妻子实现"开一间料理教室的梦想"

个人·家庭

基础阶段

・希望英语能达到日常会话水平
・希望具备能与知名企业家平等对话的知识储备
・希望写一本企业小说
・希望取得自己所热爱的佛教文学博士的称号

学识·知识

终极目标

具备与外国人和国内名人等平时接触不到的人交流的知识储备

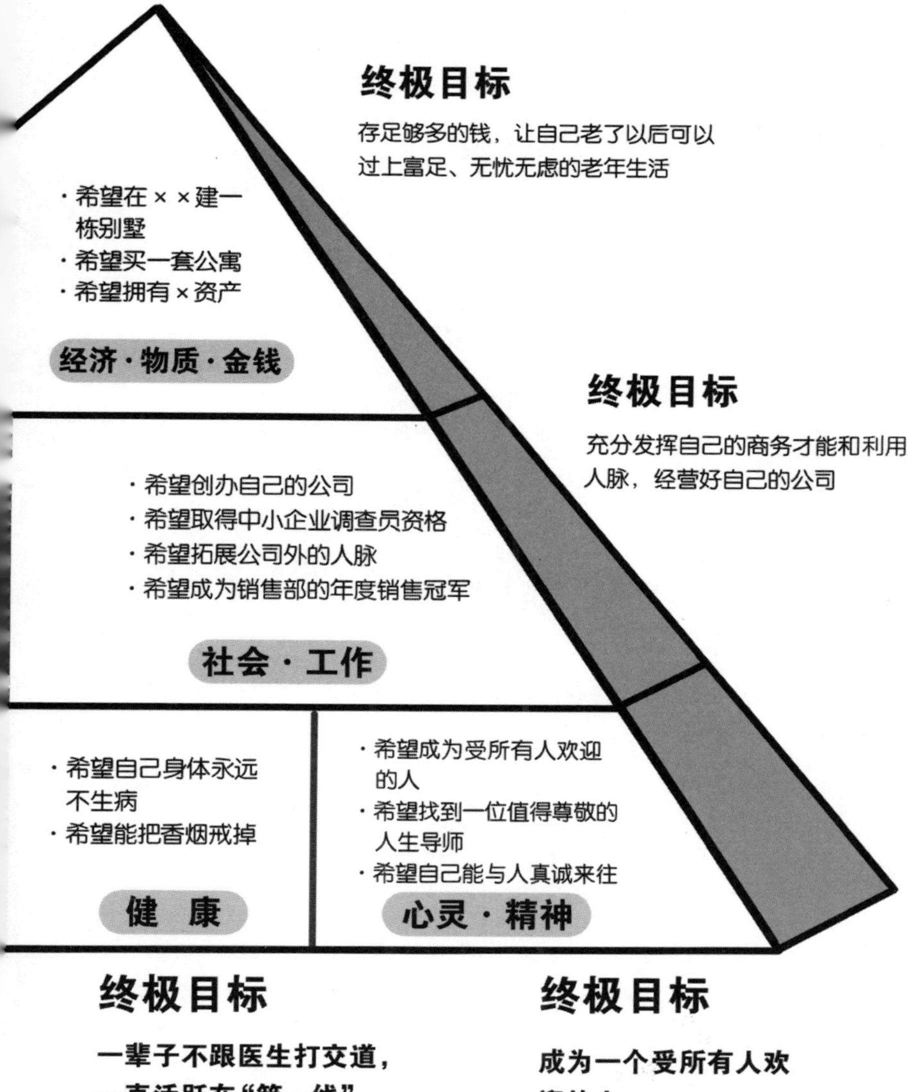

终极目标

存足够多的钱，让自己老了以后可以过上富足、无忧无虑的老年生活

- 希望在××建一栋别墅
- 希望买一套公寓
- 希望拥有×资产

经济·物质·金钱

终极目标

充分发挥自己的商务才能和利用人脉，经营好自己的公司

- 希望创办自己的公司
- 希望取得中小企业调查员资格
- 希望拓展公司外的人脉
- 希望成为销售部的年度销售冠军

社会·工作

- 希望自己身体永远不生病
- 希望能把香烟戒掉

健 康

- 希望成为受所有人欢迎的人
- 希望找到一位值得尊敬的人生导师
- 希望自己能与人真诚来往

心灵·精神

终极目标

一辈子不跟医生打交道，一直活跃在"第一线"

终极目标

成为一个受所有人欢迎的人

图 2-2

与不同领域的专家对话的学识，以及豁达而强大的内心。只要实现了这三个基础部分的梦想，实现工作与家庭方面的梦想则是水到渠成的事。自然而然地，经济方面也会越来越宽裕"。

人生金字塔呈现的就是这些。此外，至于各个部分的"终极目标"，如图2-2所示：

健康

——一辈子不跟医生打交道，一直活跃在"第一线"。

学识·知识

——具备与外国人和国内名人等平时接触不到的人交流的知识储备。

心灵·精神

——成为一个受所有人欢迎的人。

社会·工作

——充分发挥自己的商务才能和利用人脉，经营好自己的公司。

个人·家庭

——有一个舒适的、充满欢声笑语的家庭。

经济·物质·金钱

——存足够多的钱，让自己老了以后可以过上富足、无忧无虑的老年生活。

类似这样的目标都可以。

为什么要按照这样分成六个部分呢？这是因为，要想实现梦想，必须把自己打造成一个全能型人才，以不偏不倚、完美的形式实现这个"金字塔"。

　　假如树立的目标是"想挣大钱"。如果不付出努力，很可能产生"不管做什么坏事，只要能挣到钱就行"的想法，欺骗别人也在所不惜。还有的人因为想实现这个目标，心里只有工作，却对家庭不管不顾。这样虽然比上一种情况好一点，但即使挣了不少钱，却也以牺牲家庭为代价。这些都属于本末倒置。

　　恐怕每个人（包括我在内）都希望自己能成功，挣到很多钱。可是，一味地被欲望驱使，很可能会误入歧途。"实现了梦想之后获得的"才是成功，才是财富，一定不要忘记这一"幸福的前提"。

　　在我看来，符合"梦想·人生金字塔"中六个部分全部指标的人，可以称为"全能型人才"。希望大家都把成为全能型人才作为目标。

● 向目标迈进吧

　　"梦想·人生金字塔"制作完成后，接下来，就要以它为基础来制作未来年表了。未来年表是帮助你成为理想中的自己，走上理想人生道路的工具。是确定目标后，开始朝目标迈进时必不可少的工具。

我20岁时制作的未来年表，是一张展望未来15年的"15年年表"。

也许会有人说，"我连这个月的计划都还没制订，怎么可能制订那么遥远的计划？根本就没有时间去制订那种计划"。开诚布公地讲，制作未来15年的年表，两三天的时间就足够了。刚开始可能会以为是多么庞大的工程，不过一旦着手去做，就会发现很容易一气呵成。我保证，在年表上填格子的过程会越来越有趣，令你几乎停不下来。

这一连串的操作，和制订旅行计划很相似。比如，准备去向往已久的西班牙旅行，你一定会先读旅游指南和有关西班牙的图书，做好前期研究工作，再开始写愿望清单。

"想去看斗牛。想去看弗拉明戈舞。想去吃杂烩菜饭和生火腿。想去看爱尔汗布拉宫。想去走一走堂吉诃德之路。想沉浸在高迪的超现实主义艺术世界里。"

像这样，在一个又一个项目上标明先后顺序，确定好在旅行期间"什么时间，去做什么事"，对旅行的期待会变得越来越强烈。同样地，制作未来年表以后，也会对今后的人生旅途充满期待。

可能会有人担心无法如期地完成年表上的任务，或者说不定过了一段时间后，愿望本身就已经发生改变了。在制作未来年表时，这部分可以稍微灵活一些，只需要把自己当下的梦想如实写下来即可。

我自己也曾发生过愿望在中途改变的情况。我有一个梦想是拥有一架喷气式飞机，在制作未来年表时，曾考虑过要"先取得飞机驾驶资格"，于是把它也写进了年表。可是，过了一段时间后，拥有一架飞机的梦想没变，但自己开始犹豫是否真有必要去考取驾驶资格，所以就从愿望清单中把"取得飞机驾驶资格"这一项删除了。

况且，人不同于机器人，无法如期地完成也很正常。不过，请不要认为"如果不能按照计划进行，制作年表又有什么意义"。假如比预期推迟了一年才达成目标，也没必要闷闷不乐。在长达80年（人的一般寿命）的人生中，推迟一年达成目标这种误差，只需要在今后尽力赶上即可。最重要的是，积极地面对问题，以及在追逐梦想的道路上永不言弃的态度。

在未来年表的框架上，纵轴最上面几行，放上家庭成员的年龄等基本信息。接下来，依次放上"健康""学识·知识""心灵·精神""社会·工作""个人·家庭""经济·物质·金钱"这六部分。最下面几行，则放对社会今后发展趋势的预测和报刊上的文章，以供自己参考。

在横轴上，配置"现在""将来""差距""年龄"这几个项目。"年龄"项目上的格子数量，如果是制订15年计划，则需要有15个格子；制订20年计划，则需要有20个格子。年数越长，可供书写的空间就越小。不过，这个表只是为了把握大局，只需要填写关键词即可。

框架出来后，接下来就要填写格子了。首先，把前面"梦想·人生金字塔"上的六个部分对应的梦想和目标，在各部分内的优先顺序确定下来。然后，按照优先顺序，对应一个个梦想，在"将来"栏中填写目标。

接下来，在横向"现在"栏中，如实地填写自己的现状，再把理想与现状之间的差距填写在"差距"栏中，并正确认识这种差距。

最后，要思考为了实现梦想和目标，"应该在什么时候，完成什么任务"，并根据年数划分具体的步骤，设定每一年的目标。确定要用多少年完成目标后，要在完成目标那一年的栏里写上这个目标。

大致填写完成就可以了。刚开始可能会以为这项工作很麻烦，实际开始做了以后，会发现很有趣。年表的纵轴上，按照类别填入梦想，横轴上则从完成目标的年份开始倒推，同时在每一年的那一栏里填写年度目标，仅此而已。

举个例子（图2-3），假如梦想是"6年后成立公司"，纵轴的"社会·工作"的"将来"一栏里，可以填写这样的目标：

需要扩充人脉，至少要有10位参谋或商务伙伴。

需要存够 500 万日元，作为公司的成立资金。
需要掌握创办公司的知识。

既然树立了"需要扩充人脉，至少要有 10 位参谋或商务伙伴"这一将来的目标，接下来就要考虑目标与"现在"之间的差距。

现在→有望为自己提供建设性意见的人只有 2 位。
差距→8 个人的人脉。

类似这样。这样一来，就可以制订诸如"每个月去参加人脉交流会""至少要见够 10 位司法界的人，并一起交谈"这样的计划。

另外，在"需要存够 500 万日元，作为公司的成立资金"这一栏的横轴上，可以填写类似下面的内容：

现在→储蓄额只有 50 万日元。
差距→储蓄额 450 万日元。

然后，再确定"两年后，200 万日元""四年后，350 万日元"这样的目标，把哪一年要存够多少钱也填进去。

"需要掌握创办公司的知识"这一目标也是一样，思考目标

未来年表

	终极目标	将来	现在	差距	25 岁	26 岁
家庭·环境		妻子				
		长子				上小学
		父亲				
		母亲			50 岁	
健康	一辈子不跟医生打交道，一直活跃在"第一线"	戒烟	每天一包烟		每周一包烟	完全戒烟
		体重 69kg	体重 80kg	11kg	77kg	74kg
学识·知识		托业 700 分	300 分	400 分	350 分	400 分
		企业小说家	文采 150 分		每周读一本小说	
心灵·精神	成为受所有人欢迎的人	成为受人欢迎的人	不太讨人喜欢		学习心理学	研究礼仪
		寻找人生导师	没有人生导师		积极参加交流会	见 50 位名人
社会·工作	充分发挥自己的商务才能和利用人脉，经营好自己的公司	500 万日元	公司成立资金 50 万日元	450 万日元	制订资金计划	学习股票投资
		公司经营者	经营知识和才能为零		参加创业者讲习	研究行业知识
		人脉 10 人	人脉 2 人	人脉 8 人	参加每月一次的交流会	接触 10 位司法界人士
个人·家庭	有一个舒适的、充满欢声笑语的家庭	购买一栋独立住宅	住着租来的公寓	住宅购买资金 4000 万日元	存款 500 万日元	
经济·物质·金钱	存足够多的钱，让自己老了以后可以过上富足、无忧无虑的老年生活	购买公寓	没有知识，没有钱，也没有土地			
		28 岁 1000 万日元 30 岁 300 万日元 40 岁 1000 万日元	存款 500 万日元	500 万日元（300 万日元）（1000 万日元）	625 万日元	750 万日元
未来预测	N……《日本经济新闻》 NK……《日经金融新闻》 NS……《日经产业新闻》 NR……《日经流通新闻》					

	27 岁	28 岁	29 岁	30 岁	31 岁	32 岁	33 岁	34 岁
		二胎			30 岁			
				10 岁		上中学		
		55 岁					退休	
				55 岁				
	71kg	69kg						
	450 分	500 分	550 分	600 分	650 分	700 分		
	学习写作	开始写作,并向出版社投稿			正式亮相			
	参加礼仪培训	学习说话的艺术	多与人交流	成为受人欢迎的人				
	找到人生导师							
	投资（收益率10%）		从银行贷款					
	学习法律知识	学习财务知识	成立准备	公司成立				
	寻找合作伙伴·商谈	确定公司经营方向						
		首付1000万日元（购买）	剩余贷款3000万日元	2800万日元	2600万日元	2400万日元	2000万日元	
	875万日元	1000万日元住宅的首付	150万日元	300万日元成立公司	100万日元	200万日元	300万日元	400万日元
	NK.03.1.4 商法修改			NS.03.5.21 住宅过多			N.02.9.13 人口高峰	NR.03.3.5 新流通网

图 2-3

与"现在"之间的差距。关于知识的掌握,可能这个"差距"很难写出来。在这种情况下,没有必要逼着自己写,徒增烦恼。只需制订为了达成"将来"一栏中的目标,"计划读多少本,读什么样的书"这样的计划就可以了。

此外,制作未来年表的过程中,也有可能想到新的梦想和目标。

例如,设定了"存够500万日元,作为公司的成立资金"这一目标后,已经明确地知道,仅靠工资无法达到这个目标储蓄额。在这种情况下,可以选择把目标的完成时间往后推迟,或者降低目标储蓄额,也可以选择为了完成目标而去设定一个"新目标"。

仅靠工资无法存够所需资金的话,还可以用投资股票的收益作为补充。但是,没有炒股经验的人不可能通过炒股快速获得大额的收益。那么,

"成为投资收益率达到年百分之五以上的个人投资家"

这一新的目标就应运而生了。如果是"现在→完全没有股票交易经验的外行",要想成为投资高手,必须学习经济学,就要在努力增加储蓄的同时,制订学习计划,以便之后作为投资家初次亮相。

写在年表上的年度目标,只要大概写一写就可以了。制作

年表这项工作并不难，可以直接把目标分解为年度目标。

这项把自己的梦想和目标落实到年度目标上的操作，也可以同样运用在落实到每月、每周、每天的目标上，就成了后面将要介绍的"行动手账"。

● 直面现实，虽痛苦却不能逃避

未来年表的大致制作工程包括：

①列出梦想和目标，设定终点（达成日期）；

②看清现状与梦想之间的差距；

③把总的任务量以从达成日期往前倒推的方式，分配到每年、每月。

在制作这份未来年表的工程中，最值得注意的是②。也就是说，要准确地把握自身目前的状况。

这项工作看起来简单，实则很难。这是因为人们往往会高估自己。一旦对自己的水平有过高估计，人们就会觉得没必要过于努力，因此就会把计划订得比较宽松。也没有必要过于低估自己，重要的是如实地接受现状。这样才会发现自己有很多待完成的课题，才会觉得值得去做。

不过，客观地评价自己，从某种程度上来说，是一件很痛苦的事。我也觉得接受自己是一件痛苦的事，尤其是在精神层面上。

虽然是自己选择了这份"身兼四职"的人生，但还是会选择逃避，把生活艰难的原因推到别人身上。因为不得不面对真实的自己——那个会嫉妒在大学里快乐地生活的同级生，以及嫉妒毫不费力就能过上优雅生活的富二代朋友的自己。

也许客观地看待自己的现状，我觉得处处都能看到那个与梦想相差甚远的、不成熟的自己，却无法逃离这个现实，填补梦想与现实之间鸿沟的行动计划将无法确立。因此，重要的是，正视那个"自己想视而不见的、可怜的"自己。

如果无法正确地面对现实，就无法看清位于现实延长线上的未来的样子，更别提朝着未来迈进了。

● 先把"破灭"的担心彻底消除

制作未来年表时，把"这个目标，怕是要破灭呀"这样的担心从大脑中剔除出去很重要。

我在自己制作的未来年表中，也有好几个目标没有达成。例如，"学识"部分，其实有很多的"半成品"。英语学习倒是在缓慢地进行，以"经营最优"为目标的学习却迟迟达不到目标水平，再怎么读书、积累经验都不行。

当然，我们不能说计划推迟也没事，但不要因为推迟而过分介意。

要绝对避免中途放弃目标的做法。

"计划也推迟了，完不成了。干脆放弃吧。"

试想在奥运会上，看到无望夺冠就中途弃权，不再继续跑，这样做也不是不可以，只是如果继续努力坚持跑到最后，即使没有夺冠，也绝对可以获得坚持到底的感动，或者有助于备战下一届奥运会的某种收获。然而，一旦弃权，则会一无所获。

是否能如期地达成目标是次要的，最重要的是，制作了未来年表后，仿佛能看到自己未来每一年的成长，并对此充满期待。更确切地说，"踏踏实实地执行计划"的心情变得迫切起来。只要如实地把自己的梦想和目标写进未来年表，每个人都能立刻朝着梦想迈出第一步。

此外，虽说写进了年表，但没必要把所有的目标都分阶段完成。比如，制作了未来 10 年的年表，10 年后"心灵·精神"方面的目标是"永远亲切待人"，3 年后的目标是"偶尔亲切待人"，6 年后的目标是"基本能亲切待人"，则毫无意义。

有的目标需要"一辈子都保持一样"。对于"保持健康"和"家庭幸福"这样的目标，我会思考应该养成什么样的行为习惯，并把它作为永远的主题。

例如，在"健康"部分，尽管在家里配备健身器材的梦想已经实现，但"每周训练三次"或者"每周练习一次高尔夫"这样的目标应该继续坚持下来，以保持健康的体魄。可以说这项计划在未来50年都不会变。

我制作的"15年的未来年表"中，计划是制订到35岁。原本已经40岁的我已经不需要那份年表了，可是，那上面还有一些需要终生解决的课题。况且，在工作以外的部分，未完成的项目还有许多。

所以，直到现在，我还郑重地保存着那份"15年的未来年表"，并时常翻阅它。

别再陷入年计划的陷阱

"制订一生的计划"，对于首次尝试的人而言，恐怕还没开始思考就已经郁闷了。

也许还会有人想：刚开始尝试，就从一年或半年的目标开始吧。可是，未来年表之所以有意义，就在于制订5年、10年、20年、30年这种长期计划。

世人一般会在每年年初设立新一年的目标，然而，这只是学校教育所教授的"陋习"而已。

原因在于，如果看不到终极目标，在设定年度目标时，很容易应付了事，甚至还有弄错努力方向的危险。如果只考虑眼前的目标，缺乏长远把握人生的视角，不知道自己在为过上什么样的人生而努力，那么埋头苦干的动力也会减少。

如果能看到10年、20年后的终极目标，也就能朝着正确的方向，把今年的目标确定下来，还能带着充实感和昂扬的士气，向今年要完成的目标发起挑战了。

我是集中了几天时间，一鼓作气把"15年的未来年表"制作出来了。又利用盂兰盆节假期，一口气制订了事业方面的15年计划。"暂且制订一年的计划，然后根据进展情况再说"这种态度，永远都不可能到达目的地。

现在，你手上已经有了"愿望清单""梦想·人生金字塔""未来年表"这三样东西。至此，你已经清楚应该朝什么方向努力了。我认为，"没有目标和意志，就没有行动"。既然已经找到了目标，就继续朝下一步前进吧。

从第3章开始，我们将会围绕利用手账把梦想变为现实的"行动"来讲。

Chapter 03

理想人生之路，属于时间计划年表

三份手账与各自的思维导图

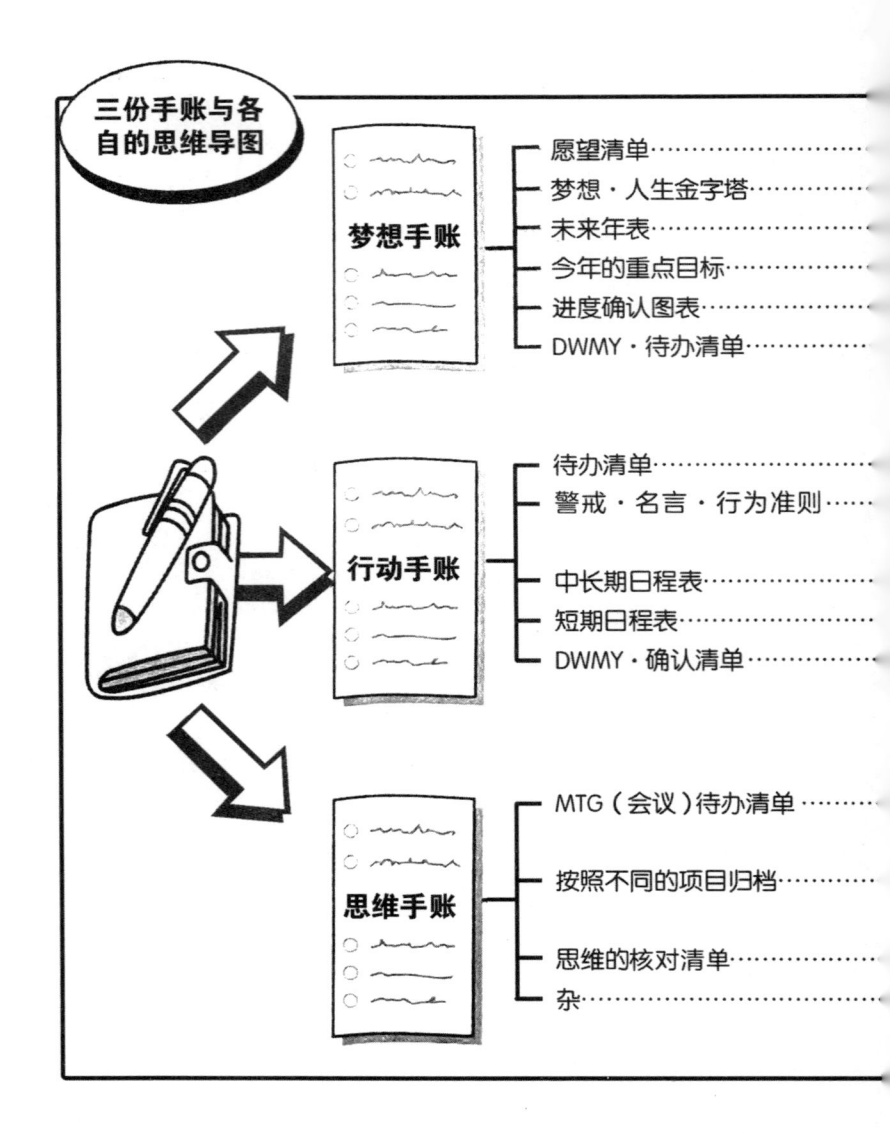

梦想手账
- 愿望清单
- 梦想·人生金字塔
- 未来年表
- 今年的重点目标
- 进度确认图表
- DWMY·待办清单

行动手账
- 待办清单
- 警戒·名言·行为准则
- 中长期日程表
- 短期日程表
- DWMY·确认清单

思维手账
- MTG（会议）待办清单
- 按照不同的项目归档
- 思维的核对清单
- 杂

- ……清单、照片集
- ……为梦想分类,区分先后顺序
- ……实现梦想的日程表
- ……在反省去年目标的基础上,列出今年的目标与重点目标
- ……把各个梦想、目标的达成率呈现在图表上,确认进度
- ……从未来年表分解出来的日·周·月·年的待办事项与待办清单

- ……写下来"何时,做何事"的待办清单
- ……注意事项、需要牢记的事项、维持动机的笔记、公司方针和公司社训及其他
- ……以年·月为单位的日程表 ⎫
- ……以周·日为单位的日程表 ⎬ (参考梦想手账的DWMY·待办清单和今年的重点目标)
- ……确认是否已按照中长期、短期日程表采取行动

- ……把"即将跟谁洽谈(已跟谁洽谈)",按照姓名的假名顺序整理出来
- ……为笔记分类,区分不同的项目和计划(例:房租、人事、事业)
- ……思维的核对清单
- ……备忘录(各种电话号码、银行账号及其他)、备用纸、便利贴、各种卡片及其他

图 3-1

◐ 用强烈的意志唤醒动力

多年来，我一直追逐着写在自己制作的"15年年表"上的梦想。而且，成立自己的公司，并成功上市这一"社会·工作"方面的梦想，已经实现了大部分。但是，也有尚未实现的梦想。这些梦想的共同点，就是规划得不够具体。

反过来想一想，那些已经实现了的梦想则都具备以下这些必备条件：

①写在纸上；
②有强烈的信心；
③保持士气；
④持续努力。

本章将介绍实现梦想的手账——梦想手账、行动手账和思维手账的制作方法和使用方法（图3-1）。核心部分，就是梦想手账。

梦想手账，指的是涵盖愿望清单、梦想·人生金字塔和未来年表的手账。

　　梦想手账中，还包括从未来年表中分解出来的"今年的重点目标"和"DWMY[①]·待办清单"，以及"进展确认图表"等。换言之，梦想手账是"写在纸上""有强烈的信心""保持士气"的落脚点。

　　并非拥有了梦想，梦想就能全部实现，不过，拥有强烈的意志更易于唤醒行动，就可以一步一步地接近梦想。担任起指南的重任的，就是在手账中占核心地位的梦想手账。

　　另外，还要把这份梦想手账随身携带。这是因为，如果把它放在那里不管，梦想和愿望清单很快就会被忘记，会使好不容易有了用武之地的梦想沦为"僵尸"。

　　想鼓舞朝着梦想努力的士气，持续唤醒朝着梦想努力的行动，就要保证梦想手账片刻也不离身，这样随时都能翻开梦想手账，确认"我的梦想是什么""我朝这个梦想靠近了多少"。

● 可视化梦想更有魅力

　　梦想手账包括愿望清单，这里向大家介绍两个小诀窍，可

[①] DWMY：日（day）、周（week）、月（month）、年（year）。

以让愿望清单变得更有魅力。

第一，尽可能具体地描述出来。假如有一个梦想（愿望）是"拥有一套自己的房子"，只在愿望清单上写"希望拥有自己的房子"的话，效果会比较差。原因在于，描述过于模糊。自己的房子，可以是气派的独栋建筑，也可以是迷你小公寓；可以在繁华的市中心，也可以在环境优美的郊外……选择多种多样，仅凭简单的一句"自己的房子"，会使人既不清楚自己真正的愿望，也不清楚为了实现这个愿望需要付出多大的努力。

因此，建议大家尽量详细地描绘出自己的愿望或梦想。我以前就整理了这么一份"自有住房的必备条件"。

位于××沿线，或××沿线，在市中心。距离车站步行××分钟以内。

离中小学、图书馆近，通勤必经的路上有大型书店（营业时间比较长）。

有宽敞的浴室，能洗泡泡浴、蒸汽浴，各种洗浴设施完善。

床躺上去不会发出声音。墙壁隔音效果要好。白色的墙壁，原木床，原木地板。

就像这样，把自己理想中的房子详尽地描绘出来，描绘的项目多达数十种。这样一来，自己的愿望或梦想就变得更加具体了。

第二，灵活运用照片等可视性素材。我曾经在街上发现一辆自己梦寐以求的车，于是就跟这辆车拍了一张合照，摆出自己就是车主的样子，然后把这张照片贴在了梦想手账上。这样，我就多了一个在视觉上更真实的梦想。

按照同样的思路，想到"希望创建自己的公司"，就立刻在梦想手账上贴上气派的办公室的照片；想到"想成为国际化的商业精英"，就立刻把商业精英和他人面带微笑握手的照片贴在梦想手账上。十几年前，就有人劝我出书。他还帮我画了一些画，当然，这些画现在还贴在我的梦想手账上。

只简单写下"想做"，实现梦想的可能会减半。让梦想更加可视化一些、细分化一些，总之，把梦想转化成看得见、摸得着的形式，梦想就更容易实现。

收集信息，扩展目标版图

自从开始使用梦想手账后，我很快就养成了一个习惯，就是把跟梦想有关的各种信息做成剪报，贴在手账上。

读报纸时，发现有意思的报道，就把它剪下来贴在手账上；在杂志上看到关于餐厅的报道时，就想"要是自己能去这样的餐厅用餐该多好"，于是把餐厅的照片剪下来，贴在手账上；读书时，看到感人至深的话语，就把它抄写在便利贴上，随后贴在手账上；等等。

意识到"这就是我的梦想呀"之后，就按照自己真实的欲望，收集有助于实现自己梦想的信息。

这些剪报会为我们带来很大的鼓舞，鼓舞我们朝着梦想努力拼搏。它令我们的梦想世界更加具体，令写在愿望清单上的文字变得越发有力。这种意识强化的效果无与伦比，而且任何人都能轻松做到。

也许会有人担心"我比较迟钝，即使遇到重要的信息，也很有可能与它擦肩而过"，或者"我没有耐心，做剪报这项工作太麻烦了，估计坚持不下去"。

这纯属杞人忧天。当你写下愿望清单，并经常翻阅它时，对信息的敏感度自然而然就提高了。不可思议的是，当你的梦想或目标确定下来后，好事情会不请自来，因为被吸引过来了。

一份、两份地收集剪报的过程中，可能你自己都没意识到，邂逅与梦想有关信息的频率就会加快。当手账厚度日益增加，内容日益丰富时，你会收获满满的成就感。

这与一种收集心理相通。当你想收集某种东西时，嗅觉会变得越来越灵敏，收集信息会变得越来越容易，收集的成果会日益丰厚。到了这个境界后，想停都停不下来。

另外，还可以从收集到的各种信息中，快速选出对自己有用的信息。原因在于，目标一旦确定，就没有必要为取舍而苦恼了。

为手账收集信息，与收集梦想一样充满魅力。一旦开始，所有人都会沉浸其中。

● 与其许下愿望，不如想想怎么做

前面介绍了梦想手账中的愿望清单、梦想·人生金字塔和未来年表，都是关于梦想和理想中的自己的，也可以说呈现的都是"在什么时间成为什么样的人"。当然，只是许下想成为什么、想变成什么样的愿望，梦想是不可能变成现实的。要想把梦想变成现实，必须考虑"为此应该怎么做"。

于是，DWMY·待办清单和今年的重点目标就要登场了。每到年底，我都要做这两份东西，下面将逐一介绍。

首先要介绍的，是DWMY·待办清单。这是一份从未来年表的纵横轴中分解出来的，列出日·周·月·年待办事项的清单。把要想达成的梦想和目标，以及应该怎么做，在年表中具体地写出来。

制作DWMY·待办清单时，首先要列出的是人际关系方面的固定事项，即每年都要做的事，如重要的人的生日、结婚纪念日等，重点在于一口气把这些都列出来。

因为这些事项的日期是固定不变的，所以可以毫不犹豫地先把它们写下来。这样一来，就不会因为忘记重要的日子而导致人际关系方面出问题了。

接下来，就要开始写为了完成当年的众多目标，需要做哪些事了。关键是，把当年的目标列在白纸上，然后把需要做的事，具体分配到哪几个月（或每月）要做什么、第几周（或每周）要做什么、哪一日（或每日）要做什么。

比如，某一年（纵轴）的健康部分（横轴）上，写着"体重74千克"。如果前一年设定的目标是"体重77千克"，那么这一年的年度（Y）目标就是"减重3千克"。

在此基础上，再考虑每月（M）、每周（W）、每日（D）要完成的目标。仍以"减重3千克"为例，以月为单位的目标就是"每4个月减1千克（每个月减250克）"。如果以周为单位，目标就是"每周几去健身房"。而以日为单位的目标的话，就是"每天测量体重""每天慢跑1小时"等。

当然，坚持数月、数周或数日，围绕同一个行动主题努力也未尝不可，没必要每个月都改变行动内容。如果有这样的想法，比如"必须确定12个月的行动主题""必须确定4周的行动主题"，自己会比较有压力，行动上也会有迫不得已的成分，所以不妨把行动期间放得灵活一点。

这样写出来后，应该怎么做才能把梦想或目标变成现实就一目了然了。

接下来是"今年的重点目标",这一目标是在未来年表上"当年目标"的基础上,结合对上一年的反思而成的。把上一年度未能达成,这一年应该格外付出精力的目标,作为今年的重点目标整理出来。这样一来,就能在明确了优先顺序的基础上,致力于达成目标,又可以避免"付出了很多努力,唯独关键部分没有下手"的局面出现。

验证上一年是否达成了目标,如果没有达成则反思原因,是今后数年朝着梦想努力所必不可少的一项工作。因此,我把梦想和目标的达成率体现在图表上,制作了"进展确认图表",利用图表进行确认。

当DWMY·待办清单和今年的重点目标做完以后,接下来,就要把这两项内容落实在行动手账中的具体日程表上了。

● 付诸行动,接受变化

梦想手账之后,就是行动手账。行动手账上,写的是"要想达成梦想,现在(什么时候)应该做什么",以及"行动时应该注意什么"等具体的行动计划。

行动手账的核心，是中长期日程表和短期日程表。前者以月为单位，后者以日为单位来制订日程计划。

参考依据是梦想手账中的今年的重点目标和DWMY·待办清单。以这两项内容为基础，确定当月、当日应该做什么，并把它们分别记录在日程表上（图3-2）。不过，虽说是日程表，也没有必要详细到从几点到几点，做什么的程度。把每月、每日要做什么简单地记录下来，做成一份清单就足够了。

我一直坚持在岁末年初时，利用假期重新对照未来年表，确定今年的重点目标，制作DWMY·待办清单，同时会一鼓作气地把这两份日程表都做出来。

当任务被分配到每月、每日时，自己行动的方向就会立刻明确起来。

此外，行动手账中还包括警戒·名言·行为准则，后面会详细介绍这一部分。这里面要写的是自己今后的行动中值得注意的问题，有些问题是写在相应的日程表上更好，有些问题是一起写出来效果更好。

比如，年度目标是降低体重，短期日程表（当日的任务）的其中一项是"慢跑1小时"。鉴于自己慢跑后总是想喝啤酒，在这种情况下，在当日的短期日程的空白处，我就写下从警戒·名言·行为准则中抽出的一句话——"只喝低卡路里的啤酒"。

有了这些准备工作后，只需要看一眼手账，自己每天该做哪些事就一清二楚了。并且，有哪些注意事项也一目了然。

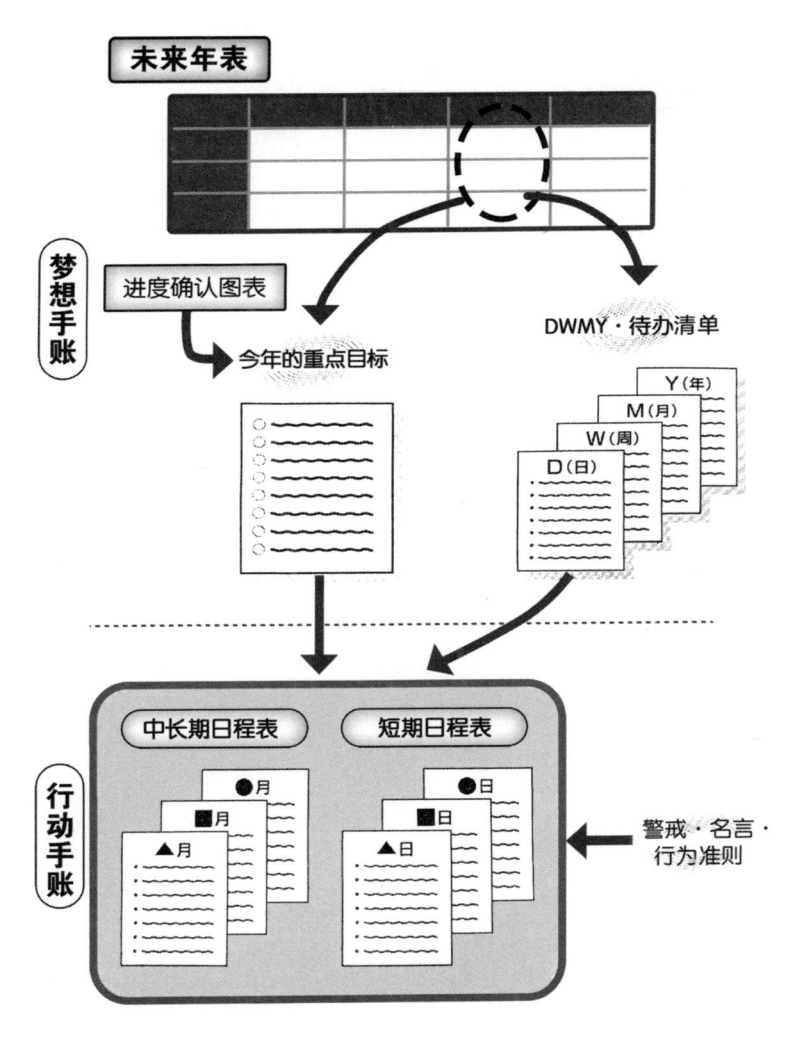

图 3-2

就我个人而言，中长期日程表一直保持不变，短期日程表则在每一周的周末整理一番，每周对内容进行更替，并随身携带。当然，以前的日程表全部被收纳在自己家里。

● 把信息转化为"重要路标"

行动手账中还有一种重要的手账，与中长期日程表和短期日程表并肩而立，即"警戒·名言·行为准则"。这本手账中收集的，是与人见面，或读书、看报纸、看杂志时，看到的给自己带来启发的话语和信息。

毋庸置疑，这本手账中收集的名言警句和信息，给努力实现梦想的我提供了难能可贵的建议。或让我在每一天的行动中保持警戒，或为我的工作带来某种启发，或指引我的内心朝着正确的方向走。总之，在生活的方方面面，我都从这本手账中受益颇多。

话虽如此，但也没必要看见有价值的格言和谚语就全都收集起来，只把自己觉得重要的东西写下来即可。在我的手账中，还写着以下这些很普通却很重要的话：

止损大于挣钱。

重视伙伴。

以及"每天保证六至七个半小时的睡眠"这种只对我自己有重要意义的话。

并非一味地收集名人名言和漂亮的"熟语",以便在谈话中炫耀自己。

通过把一句话写下来,来让它的分量进一步加重。如果不写下来,只是一时为之感动,很快就把它忘得一干二净了,实在太可惜。把它作为文字留下来,通过反复阅读和琢磨,它就可以被永远铭记在大脑和心中。

看到令自己产生共鸣的话,把它写在手账上,实则是把它刻在自己的脑海里。如果不这样做,就白白浪费了这难得的机会。如果从而导致失去帮助自己走上美好人生之路的重要路标,那就太可惜了。

把好的话语记下来并不费时间,我会先记在总是随身携带的四五英寸①见方的便利贴上,然后把它贴在手账相应的条目上。

在当场不方便做笔记的情况下,有时候,我会假装去洗手间,到洗手间或旁边的单间里去快速记录。有时候,我会先用

---

① 1英寸=2.54厘米。

手机邮箱发送给自己，事后再写下来。无论如何，其实记下来只需要区区一分钟。如果说回头再记录，很可能就把这件事忘得一干二净了，所以，基本原则是"听到有用的话，立刻把它记下来"。

可是，再有用的话，如果杂乱无章地写下来，回过头来读的时候，都会感觉很糟糕。我建议分门别类地整理，在某种程度上保持井井有条。

我会利用周末，重新整理这些便利贴，保证它们被贴在正确的位置。之所以使用便利贴，也是因为它可以随意改变位置。在我的手账上，就散落着好多这样留下来的珠玉之言。这许许多多的"座右铭"，一刻不离我左右，被收在手账中，作为每天的训条，发挥着它的作用。

手账，作为打造美好人生的良言宝库，具有很大的利用价值。

并且，收集在警戒·名言·行为准则中的话没必要仅仅被保存在那里。假如下周有个会议，找出"不强求别人""对话思考"这些话，把它们写在短期日程表中要举行会议的那一页，这些话应该会为你带来更大的力量。我的手账，在某种意义上，已经全部变成警戒·名言·行为准则了。

语言不是摆设，不妨经常把它拉出来、写下来。这样做，这些话才会真正成为你自己的思想。

◐ 列出待办清单而不是被任务裹挟

行动手账中，还包括待办清单。所谓"待办清单"，就是写着"什么时候，必须做什么事"的待办事项的清单。

梦想手账中制作的 DWMY·待办清单，写的是从梦想和目标中分解出来的，必须先完成的事。不过，现实生活中，还需要完成许多没有写下来的事。为了防止自己忘记这些待办事项，所以要提前把它们写在待办清单上。

列出待办清单后，不仅能避免忘记去做某件事，还有利于弄清楚优先顺序——哪些需要先做，哪些可以往后推一推。如果不列出清单，会感觉很迷茫，"有好多事要做"，当它们被一一列在清单上时，就可以比较出哪些事紧急，哪些事可以缓一缓。

要想正确无误且高效地完成待办事项，待办清单绝对不可或缺。

未能实现的目标就需要重新审视

完全按照手账来走人生之路的我,也有许多未能按照手账去完成的计划和到了最后期限仍未达成的目标。我在行动手账中制作了 DWMY·待办清单,也一直老老实实地确认行动是否按照日程表进行,可是,现实中很难做到一切都按照计划进行。

如果因为太忙,或者遇到了超出预计的困难,而未能把应该做的事按照计划向前推进,请不要过于介怀。在我看来,"把目标记录下来,并反复阅读这件事本身就很有意义"。把梦想和计划写下来,既能防止自己把它们忘掉,又能时常提醒自己距离目标还有多远。

我有一项计划,是"在今年一年里,每天练习英语听力 15 分钟",可是连续多日都未能完成计划,结果英语听力丝毫没有进步,这些都是家常便饭。

这时,手账会提醒我"要学英语了",会提醒我目标和现实之间还有多大的差距,所以我才不会彻底放弃计划。

有时候不能完成,有时候能完成——手账令我保持不断发起挑战的激情，年表督促我为缩小与目标之间的差距而努力。

只停留在下决心"去干"，却"三天打鱼，两天晒网"的话，永远不会有收获。把梦想写在手账上，就能时常提醒自己距离目标还有多远，激发出你的干劲儿。"干吧！"即使最终并没有完全按照计划完成，也确确实实向目标靠近了。我本来是个没常性的人，做事"三天打鱼，两天晒网"，所以，把梦想写在手账上，某种程度上也是为了约束自己。

人和电脑不一样，不可能完全按照设定的程序运转。希望大家清楚一点：计划执行方面出现误差很正常，不必过于纠结，灵活运用手账，努力去缩小现实与目标之间的距离即可。在漫长的人生道路上，目标推迟个一年半载才实现，原本就在公差范围之内。

所以，我认为，把手账看作帮助自己实现梦想的工具，就不可能半途而废。如果还是会"三天打鱼，两天晒网"……那么你的梦想一定也是"没常性的梦想"。

当思想偏离正轨，请使用核对清单

最后一份手账，是思维手账。

在这份手账中，包括会面时用的笔记"MTG（会议）待办清单"、"按不同的项目归档"整理出的"项目分类文件"，以及各种电话号码、便利贴、备用文件等。也就是说，跟所谓的"很多人使用的普通手账的内容"差不多。

不过，当然，我还是有独特的窍门——"思维的核对清单"。正因为有这个用途，所以我特意把它命名为"思维手账"。那么，这个思维的核对清单是什么呢？接下来，我将为大家介绍。

前面介绍过的"行动手账"中的中长期日程表和短期日程表中，行动计划以"年·月·周·日"为基础确定下来，从时间的维度把要做的事全部列出来了。仅仅如此当然是不够的，还需要按照不同的事业、不同的项目、不同的主题或不同的人等，把要做的事和信息分门别类地整理出来，否则现实生活中会很麻烦。

这里所需要的是"项目分类文件"，列出租金、人事、M&A（并购）、组织、IR（投资人关系）、资本政策、新事业研究和家庭等项目。

想必已经有很多人实践过了，我则为这些项目分别准备了思维的核对清单。"思维的核对清单"，顾名思义，是便于整理思路的清单。这是一大特色，可以把每个项目的重点和注意事项、走向等看得一清二楚。有了这份清单，可以让大脑运转得更加迅速、更有逻辑性。

以"新事业核对清单"为例来看。这是邂逅新商机时，分析自己初期兴趣的一份清单。核对项目如下：

成长性

未来性

新奇性

能否成为第一

能否拿到授权

竞争在哪里

属于基础设施吗

属于库存吗

能够独家代理吗

能上市吗

需要的人数

……

逐个以符号 ○△ × 去判断这些项目。

当然，关于最终是否应该开拓新事业，还要经过详细的调查之后再做决定。有了这份清单，能在一定程度上判断是否值得探讨。

此外，在"M&A"中，也有"M&A核对清单"，清单上列出的是M&A的走向，以及"如果时价总额为净资产的百分之××以内就进行M&A"这样的判断标准。

核对清单上的项目，全部用来核查是否与自己的梦想和目标相吻合。如果综合判断的结果不理想，则没有进一步探讨的必要。换个说法，制作思维的核对清单，相当于在手账上搭建出作为自己思考问题的基础的框架。

制作思维的核对清单有两大好处：一是避免把探讨事项遗漏；二是有助于快速、理性地做出判断。

人的大脑特别健忘，一件事即使自己曾经做过，准备再次做时，也会发现自己已经不记得"是什么样的流程，首先应该做什么""怎么做比较顺利""至少应该考虑到哪些问题"等。而要把这些一一回想出来，会浪费很多时间。不仅如此，甚至还会出现思路偏离目标的风险。

即使这项事业根本不值得调查，没有开拓价值，在没有判断标准的情况下，还是会为"应该怎么做"而苦恼不已，觉得"无论如何，先收集信息再说"。这样既浪费了精力，也白白浪费了时间。

有了思维的核对清单，就能清楚应该以什么为基准去判断，应该如何去做，就能避免精力和时间上的浪费。

我无论是在工作上还是生活上，都会做很多思维的核对清单，并且充分地利用它们。要想避免自己的思路偏离正轨，或者避免浪费思考的时间，我建议大家采用这种核对清单。

督促也是行动的动力之一

在商务场合，会议必不可少。最近，好像还有专门讲如何玩转会议的图书面世。在这里，我要向大家介绍的，是利用手账中的笔记和清单提高会议效率的方法。

比如，人事部有一个公司内部会议。我会准备一个新的文件袋，并且在文件袋的右上角写上日期和"人事会"的索引。然后，把它放入思维手账中的MTG（会议）待办清单中——这是专门用来存放各种会议记录的清单。

会议开始后，我会在手账上翻开新的一页，放在右边。在谈话的同时，逐条记录会议要点。

在需要自己去做的事情、必须澄清的课题、拜托对方做的事等的上方，画上"□"作为标记。等到第二天，这些任务都完成以后，再在相同的地方打上"√"。

这样，可以避免漏做和忘做会议上确定下来要做的事。

与此同时，如果还要开第二次会议，可以在会议之前快速浏览上一次的笔记，提醒自己确认拜托对方做的事完成得怎么样了，以及传达自己为这个案子做了哪些工作。

GMO集团的员工们好像有点害怕我，因为我看起来每次都能记得上一次会议的全部情况。怀着"忘了我"这样的侥幸心理工作，在我这里完全行不通。所以，员工们都不敢只说不做。

如果承诺过的事情没去做，他们（包括我自己）看到我的手账，就好像听到了"快去做"的催促声。

督促迅速行动，可以说也是笔记的一大功效。

● 另辟蹊径，别有洞天

在前言中提到过，我之所以能成为GMO集团的董事长，全是托了手账的福。如果你了解我迄今为止的经历，应该就能理解了。"事实胜于雄辩。"说来话长，接下来就向大家讲讲我的"诞生于手账的创业故事"吧。

我在21岁时，制作了未来15年的年表。当时的年表上，写着一个远大的目标——35岁之前创办公司并上市。不过，在当时，关于要进军什么行业，我还一头雾水。

什么领域都行，一定要成为行业第一。

当时的目标还严重缺乏具体性，朋友们还嘲笑我说"这个计划简直是不着边际"。然而，决定了创办公司，并制订了直到公司上市的计划后，我就24小时盯着这份年表，并且按照上面的行动计划执行了下来。

具体而言，25岁之前的日日夜夜，我都是一边辅助家业，一边努力掌握作为经营者必备的本领，并尽量提高自己的综合素养。当时的我相信，在这个过程中，一定能找到商机。

实际上，也确实找到了。这个契机，正是来自写在梦想手账上的未来年表。

我的未来年表上，写着"创办公司"这一梦想。首要目标，是为了筹备公司创立资金而提高股票投资方面的技能。要想提升投资效果，学习必不可少。我寻遍经济和经营方面的图书，且每天雷打不动地读《日本经济新闻》，坚持手绘股票价格的走势图。

当时，在我家附近有家书店，我在那里找到了一本名为《利用电脑靠股票大赚一笔》的书，于是迫不及待地读了起来。书上这样写道："输入本书中的程序，只需输入股价，就能自动生成杂志上刊登的那种股价走势图。"在这本书的刺激下,我买了电脑。记得那是20世纪80年代末的事。如今,股价走势图只需从证券网站上下载即可,任何人都能很轻松地看到。而在当时,则只能通过看杂志或报纸,或者手抄的方式。另外,既然要使用电脑,就需要学习读写程序语言。

我从小就喜欢鼓捣机械。十几岁时,我特别喜欢听索尼Skysensor收音机。这款收音机能够收听全世界范围内的短波频道,依靠指尖的微妙触感缓缓转动中间的旋钮,就能搜索到世界上任意一个国家的声音,实在是太有趣了,这令我沉迷不已。现在看来,那种乐趣,跟在互联网世界,能看到来自全世界的消息的乐趣,有某种共同之处。

题外话暂且不谈,就这样开始鼓捣电脑的我,很快就不再局限于学习股票知识了,我还把电脑运用到了家里从事的房屋租赁生意。把记账等工作,逐步转为在电脑端操作。在这个过程中,自然而然地,我对基础程序熟悉了起来,也进一步坚定了要做与电脑相关业务的想法。

很快,我就做出了决定:"创业的话,就选已经引入了电脑的领域。"

寻找到商机的我,按照手账上制订的计划,于1991年,以开展多媒体事业为目标,创办了自己的公司,名为"Voice Medea 株式会社"。

但是,几年后,我又决定从这个领域"退出"了。因为我觉得,"这样下去,我无法实现自己的梦想"。

在我的梦想手账中,写着"要成为某个行业第一"的目标。然而,我知道,即使眼下能赚到钱,也无法保证将来一直位居第一。阻碍梦想实现的风险太大,所以不得不"朝令夕改"。梦想手账已经宣布了事业的方向转换。

当时,我的内心其实已经蠢蠢欲动,想转向新的事业。这是因为经常翻阅手账,时刻带着"寻找商机"的意识。对纷繁复杂的信息越来越敏感,无意识中已经开始以"能否以此作为事业"的视点观察事物了。

然后,我邂逅了互联网,并从中看到了巨大的可能性。第一次接触互联网,还是在很早以前。那一瞬间,我就有了第六感:

"就是它!互联网!一定能成为了不起的事业!"

说实话,当时我还不明白电脑通信与互联网之间有什么区别,但这不是什么问题,于是我在行动手账上加了一条计划,即"研究互联网,死磕到底"。在研究的过程中,我越来越确信,互联网会有很大的可能性。我认为,互联网将来一定会像电、天然气、自来水那样普及。

到底利用互联网开展什么事业呢?当时,我边研究互联网边摸索方向,无意中想起我的手账剪报中的新闻报道,不知道怎么回事,大都是关于财阀的报道,以及被称为"××王"的人物的报道。

"原来,我对这些商业模式很感兴趣呀!"

梦想借助手账变成了一种潜意识，这种情况很常见。可以说，自己的双手能够本能地从纷繁复杂的报道中，察觉出哪些是实现梦想所需要的信息。信息筛选时，也有一股看不见的力量在发挥作用。

我决定把互联网与财阀行业重叠起来考虑，并得出结论，自己想从事的事业与铁路系统的财阀相关。

众所周知，铁路公司首先铺设铁路，供电车行走，然后在市中心建造百货店，在郊外建造游乐园。再进一步，从离市中心较近的地块开始进行土地开发，建造住宅和超市，在车站旁的空地上设置餐饮店和其他商铺，把电车作为"行走的广告塔"等，开展各种各样的业务。其中寿命最长的基础设施，无疑是铁路。

那么，如果互联网成为巨大产业的话，与铁路有相同地位的会是什么呢？我的结论是，接入商①。

在那时，接入商的数量只有30来家。当时的情况是，这些接入商都采用会员制，收费较高，而且要求先付预付款。用户从入会到最终接入互联网，需要等待将近一个月的时间。

如果我的公司意在成为同样的接入商，就绝不可能成为行业第一。况且，如果不能提供令任何人都能轻松接入的服务，互联网也不可能得到普及。怎么办才好呢？我想起了手账上记录的一句话：

---

① 接入商：提供与互联网连接等服务的中介业者。——译者注

另辟蹊径，别有洞天。

这句话是从我读过的一本介绍股票投资方面知识的书上看到的，看着这句自己特意记录在手账上的话，我告诫自己"要做跟别人不一样的事"，并拼命地寻找新的商机。寻找的结果，是"提供任何人、任何时候、任何地点都能使用的非会员制接入服务——InterQ ORIGINAL"。

在进行 InterQ ORIGINAL 这项事业时，我实现了两个"世界首创发明"，其中之一是因互联网接入事业，与NTT[①]的款项代收体系"Dial Q"的组合。这个体系，实现了即使用户不以会员的身份登录，后续也能根据其接入互联网的时间收取费用。另一个是这个非会员制的接入事业，与代销式体系的组合。

当时，互联网在美国也还仅限于一部分发烧友使用，我想实现互联网的商业化，于是导入了代销这一既有的生意手法。仅用了一年零几个月的时间，就成功地在（日本）全国范围内设置了50多个营业点。

这个创意的灵感，仍然来自手账上的一句话。这是某个风险投资公司的经营者说的一句话："发明就是组合，想一想带橡皮的铅笔。"

美国画家李普曼，基于"使用铅笔和橡皮时，总是会弄丢

---

① NTT：日本电报电话公司。

其中一个。一个一个地去找太麻烦了，干脆把它们合二为一"的想法，发明了带橡皮的铅笔，并于1858年获得了专利。据说，他靠这个创意足足挣了2亿美元。

听说了这个故事后，我想"原来如此，有时候简单的组合就能决定企业的命运呀"，就急忙把这个故事记在了手账上。

我以此为立足点，开展了多种互联网基础设施事业。与刚刚进入接入事业时一样，我在想"必不可少的基础设施是什么"。

以铁路为例，服务器事业就相当于电车的车库，域名事业就相当于信号机，先从这些着手。进入一个新的行业时，我会充分利用思维手账中的"新事业核对清单"。每次都从零开始探讨新事业的方方面面，这非常耗费时间，且无法迅速采取行动。而我只需要翻开手账，就能快速地把握进入新行业时的步骤、要点和注意事项，手账功不可没。

就这样，通过这项专注于为互联网提供场所的事业，即把绝对不可或缺的基础设施作为事业，我获得了稳定的收益。并且，在2003年，在IT行业的"四个领域"中成为第一名，实现了我的梦想。

我成功进军互联网行业，并顺利取得了今天这样的成绩，都离不开手账的功劳。理想人生之路，始于一册薄薄的手账。这是我心中永远不变的真理。

Chapter 04

为自己而活的十个基本法则

什么时候完成都可以就是永远都完不成

在我看来,工作方面的目标全部都可以量化。更确切地说,"不能量化的目标,就不能称为目标"。

听到这样的话,很多人会反驳说,"我又不从事销售工作,没有可以量化的目标"。其实,这种情况根本不存在。

任何工作都有"期限",期限就是数字。即使大部分工作都是按照流程走的,也可以把目标量化之后再行动,比如"目标是 11 月 25 日""目标是今天上午 11 点"。

无论多么琐碎、枯燥的工作,只要有了完成期限,处理方式就会立刻变得不一样。不妨回想一下当自己接到一项工作,领导说"什么时候都行,把它做一下"时,你自己会是什么样的反应,估计就不难理解了。

恐怕百分之八九十的人都会想,"反正什么时候做都行,现在先不做",即使是很快就能完成的工作,也迟迟不愿意动手去做。

反之,如果给一项工作设定了完成的期限,且不能有任何推迟,人们就会想方设法制订计划,立即着手去做,以便赶在截止日期前完成。想必大家都有过这样的体验——"如果有坚决无法改变的期限，就会拿出救火般的心态去做。"

说"我的工作目标无法量化"的人，不妨试着给自己的所有工作都设定一个目标，规定好每一项工作必须在什么时候完成。设置目标时，不能有"尽量早点做"和"有空就做"之类含糊不清的目标。如果不明确具体截止时间，就不会有相应的行动，"什么时候完成都行的工作，则永远都完不成"。

有了完成期限这一量化目标，既能早点下手，又能提高工作效率。于是，大家（包括我在内）都喜欢的"自由时间"就会增多。当你在截止日期前顺利地完成工作时，你还会获得成就感和舒畅的心情。

人们常说："紧急的工作交给忙碌的人去做。"其实，这也是反过来利用了"截止日期心理"。清闲的人，因为有大把的时间，所以行动总是很缓慢，工作常常无法按期完成。而忙碌的人，如果不给工作设定好"什么时间做什么"的计划就无法安心，所以行动总是非常迅速，工作效率非常高，特别善于统筹时间。

简而言之，清闲的人由于目标不清楚，无法应对紧急的工作。

树立小旗帜，完成小目标

日产汽车 CEO 卡洛斯·戈恩曾在杂志上指出，"不能量化的目标，就等于'无法实现'"。正如前面所讲，我认为"不能量化的目标，就不能称为目标"。

但是，还是会有人抱怨"可是我的工作无法把目标量化"。下面举几个例子，来说明"如何把目标量化"，以供大家参考。

· 积极地参加其他行业的交流会，拓展人脉

每个月参加一次其他行业的交流会，并发出去（并换回）50 张名片。然后，与从中筛选出的 10 个人取得联系，并与其中的 5 个人建立友好关系。

· 扩充新工作所需的知识

在初次参加会议之前的一周内，读 3 本相关的图书。为此，需要充分利用闲暇时间，确保每天读书 1 小时。

找到两位这方面的专家，分别与他们交谈 30 分钟。

· 加强与爱挑剔的上司之间的沟通

每天让上司笑一次。本周内，收集 3 个令上司感兴趣的话

题。每周跟上司一起吃一次午餐。

·**提高工作效率**

以时薪 2500 日元为目标（假如目前的月薪是 30 万日元，按照每月实际工作 20 天计算，那么日薪就是 1.5 万日元。按照一天工作 8 小时计算，那么时薪就是 1875 日元。如果在 6 小时之内完成相同的工作量，就相当于把时薪提高到 2500 日元。时薪是体现工作效率提高的数值）。

·**开展精确度较高的市场调查**

每天采访 10 个人，每月采访 200 人。

·**写企划书**

用 40 字 ×30 行的 A4 纸，写两页。

·**加强宣传活动**

向 15 家媒体投稿，确保有 8 家媒体刊登报道。

·**提高属下的动力**

想出三个诱因。每一个诱因的经费上限为 10 万日元。

·**提高表达能力**

发言之前，先练习把结论控制在 300 字以内。

怎么样？是不是发现无论什么样的工作都能量化？

通过设定完成期限的例子，我们可以看出，把目标量化的优势在于它使目标更加明确，行动更加有力，更容易获得成就感。

借用前面的例子,以"拓展人脉"为目标的人,如果没有量化了的目标,会怎么样呢?我估计,即使一时冲动去其他行业的交流会上露个脸,也最多发一发名片。

但是,有着"向50个人分发名片,第二天与其中10个人取得联系"这一量化目标的人,一定会积极地想办法接触50个人,为了确保能与其中10个人取得联系,还必须记住每一个人的特点,会有这种强烈的意识。量化的目标能够避免以"结果一无所获"收场,激发出对实现目标发挥明显效果的行动力。

这种量化的目标可以运用在工作中的一切场合,与工作量的大小无关。假如有一项固定工作是写日报,那就可以设定"十分钟内写完",或"写一则在工作中听到的'好事'"这样的目标。至于比较琐碎的工作,则只需要设定能轻松完成的数值即可。先获得微小的成就感,当成就感积累到一定的量时,就转化成了自信。

在我看来,工作能力的提高,就是被许许多多的成就感支撑起来的。我之所以不厌其烦地强调"要有梦想、有目标",是因为实现梦想和目标后的喜悦可以"转化"为朝着下一个目标出发的能量。

在人生梦想方面,要树起一面象征大目标的旗帜。在通往人生梦想的路上,遇到重要的通过点,要树起一面中等大小的旗帜。在这面旗帜到下一面旗帜的中间,要树立一些象征小目标的旗帜。在象征小目标的旗帜之间,再树立象征更小目标的旗帜……像这样，树立许许多多的旗帜，是我熊谷的风格。就像盖一枚又一枚的邮戳一样，树立许多小旗帜有助于从工作中发现乐趣。

不仅限于工作，在个人管理方面，把目标量化也很有效。比如，要减肥的话，比起毫无目的地想"我想瘦"，把目标落实在具体的数字上，比如"3个月内从80千克减到75千克"等，更有利于制订行动计划，且意志坚定地执行下去。

此外，如果以买房子为目标，就可以制订具体的资金计划。例如，"目前的存款是200万日元，接下来5年的目标，是存款达到600万日元，买一套总价在4000万日元左右的公寓"。如果不以具体的资金计划为基础把目标量化，会迟迟存不够钱，导致目标的实现被无限期推迟。

在个人生活方面，我也会把目标量化。比如，"每周跟家人一起吃一顿饭""周一、周三、周五做20分钟器械训练""用30分钟快读一本书""学3首在卡拉OK能拿得出手的歌曲"。在享受生活的同时，慢慢向梦想靠近。

当然，把目标量化以后，千万不能忘记把它一五一十地记在手账上。恕我重复，通过经常翻阅记在手账上的目标数值，并认清实际进展情况与目标之间的差距，能越来越接近目标。

我常常标榜一句话："习惯决定性格，性格决定命运。"把目标量化正是养成好习惯的关键所在。

● 把"重点是什么"作为口头禅

我有一个口头禅,更准确地说,是常常在心里小声自语的话:"重点、重点。重点是什么?目前,重要且紧急的是什么事?"可以说,这样的自言自语,为大脑提供了得以集中思考最重要的事的环境。

人的大脑很不可思议,如果不用语言约束它,它就会展开漫无边际的思考。应该不会只有我一个人的大脑是这样的。

比如,有什么担心或烦恼时,或者不得不做出某种决断时,大脑会变得一片空白,只有"怎么办,怎么办"在大脑中回旋,无法具体地思考任何东西。恐怕每个人都有过这种体验。

有行动就必然有结果,不论好坏,都要接受。可是不采取行动,就不知道会有什么结果。这一点非常讨厌。大脑会不由得朝不好的结果去猜想,本来应该集中于思考如何行动能获得好的结果,大脑却固执地在想"糟了、糟了",导致想不出任何具体的方案,在忧虑、不安中把时间白白浪费了。

在心理学上,好像把这种状态称为"自动思考"。据书上讲，尤其是指在心情低落、摇摆不定时，不由自主地在大脑中一直盘旋的想法或画面。在我看来，心情比较亢奋时也会出现"自动思考"。

大脑中充满积极的想法，本身并不是坏事，但是当大脑过于兴奋时，则有令人无法做出冷静判断的危险。

总之，对大脑实行"放任主义"，会妨碍大脑专注于思考事物的重点。在我读过的书上，对这种问题的解决方法，是只要意识到"自动思考"，就立刻探讨这种想法从现实的角度来看，是否属于正确的思考方法，并建议努力改变非现实的部分。对于"自动思考"，解决的关键在于，扪心自问："果真如此吗？"

我认为，只要谨记这一教诲，在"自动思考"开始之前把它遏制住就可以。这是因为，当问题出现时，只要对大脑做出"重点是什么"的指示，大脑根本无暇启动"自动思考"，就集中在思考重点上了。

运用被称为"集中在重点上"这种思考方法，大脑就不会去思考无用的问题了。比如，在以下这些场景中会很奏效。

- **与初次见面的人相见时**

思考：与这个人见面的重点是什么？

这样一来，与这个人见面后，无形中会避免浪费不必要的时间。

· 工作中出错时

内心惊慌失措，在想着"糟糕，这下麻烦了"时，命令大脑思考：重点是什么？承认过错，想出补救的方法。大脑会忽然回过神来，切换为思考"对、对，善后措施，善后措施，善后措施是什么"的模式。关于怎么行动是最好的选择，答案会自然而然地出现。这样，你就能切实地去弥补过错了。

它不仅能防止你陷入恐慌，还能有效地将一些不正确的想法挡在门外。比如，为自己的过错找借口，或者刻意隐瞒等想法。

· 当好工作降临，心情激动时

干好它，一定要加油干。心里这样想着。然后，询问眼看要为之兴奋不已的大脑："先别急着高兴，重点是什么？是把好工作握在手里，还是把这份工作做好？"

"目前应该做的，是把握住机会，认真思考如何把这份工作顺利完成。应该立刻着手制订计划。"让异常兴奋的大脑冷静下来。因此，不会出现徒有干劲儿，或者徒有热情，却毫无计划地莽撞行事的情况。

· 当许多工作错综复杂时

抑制住"这个也要做，那个也要做"的焦虑心情，冷静思考：最紧急的工作是什么？最重要的工作是什么？

这样，既不会弄错工作的优先顺序，也不会让各项工作半途而废。

・当遭遇意想不到的突发事件时

不给大脑犹豫的机会，直接指示它去思考：重点是什么？

大脑会立刻开始分析突发事件会给现状造成什么样的影响，并思考如何能把损失降到最低。

举例不多，不过还是希望大家能够通过这些例子了解"集中关注重点"是如何防止大脑消极思维和进入急躁状态的。

因为子虚乌有的事情而烦恼不堪，因为预测到不好的结果而消沉，因为自满而对未来"解读"过于片面，这都是因为对大脑的"约束"不够严格。问清楚重点所在，就能正面与现实对峙了，也就可能产生积极的行动力。

同时，"集中关注重点"也能让人不再自满，为将来的成功贡献巨大的力量。我实现公司上市这一庞大的目标时，有过这样的经历。因为有了巨大的成就感，所以我感到非常满足，但是到了晚上，还是会抑制住极度兴奋的心情。

习惯真的很可怕，我会不知不觉地问自己："很开心，这没问题。可是，梦想就到此为止了吗？今后的重点是什么？"

于是，我的大脑中就响起了向梦想出发的第二回合的信号声。

然后，我重新意识到：

"我的使命，是把互联网普及给更多的客户，与他们分享感动与欢乐，致力于提高企业价值，保持快速成长。虽说已成为上市公司的老板，但还不能从此逍遥自在，必须进一步归纳行动计划。"

就这样，"重点是什么"已变成我的口头禅，我也养成了"集中关注重点"的习惯。于是，对工作，乃至人生都有积极作用的"良性自动思考"就产生了。我保证，这是一个非常棒的习惯。

你无法解决的问题，不会发生在你身上

人的一生中，要直面各种各样的问题。不过，在我看来，没有解决不了的问题。确切地说，"你会遇到的问题，都是靠自己能解决的问题"。

人大致可以分为两种：一种人把发生在自己身上的事看作"命运"，还有一种人把发生在自己身上的事看作"自己的选择和责任"。

如果问题比较严重，把自己遇到的问题看作命运的人会认为，"这就是命运，靠我的双手无法改变它。即使解决不了，也无可奈何"。

而把遇到的问题看作自己的选择和责任的人，则认为"我

解决不了的问题,不会发生在我身上。凡是我遇到的问题,一定能被我解决。我有解决问题的能力与责任"。然后积极地寻找解决办法。

我经常对员工们说:"我还从来没遇到过 10 兆日元级别的问题。"我们会遇到的问题,都是"只需稍稍努力"就能解决的问题。是否付出那一点点努力的差别,会体现为人与人之间的巨大差异。

终生学习

大约在 20 年前,我跟着父亲去长野泡温泉。我正在浴池里帮父亲搓背时,他问我了这样一个问题:"你知道动物和人的差别是什么吗?"我正纳闷:好突然,这是要说什么呢?父亲却不等我回答,说了这样一句话:

"人,可以通过书籍,在几小时内模拟体验人的一生。所以,要读书。坚持终生学习。"

当时,我眼看着好朋友们都考上了大学,只有我"被落下",正感到莫名的不安。之前没有好好学习的我,正被囚禁在一种悔恨与焦躁交织的情绪中,觉得"我的知识水平还停留在为了考上高中而囫囵吞枣地背诵中学课本的水平。而且，现在每天都被工作追赶着，根本不可能进步"。

以父亲的这句话为契机，我下定决心："不顾一切地学！多读书！"

从那以后，我读遍了所有能读的书和杂志，同时开始上远程大学，也开始积极参加各种学习会，继任者培养研讨会就是众多学习会中的一种。

这个研讨会采用斯巴达式教育，训练来自全国各地的二代经营者。它有各种各样的项目，最打动我的，是这样一句话："学习，是知自己所不知。"在这个研讨会上，我知道了自己什么都不知道。这句话给我带来了前所未有过的震撼。

我燃起了更强烈的学习欲望，看到记在手账上的这句话，"继续学习，继续求知"的愿望无比强烈。

我一直坚持"做任何事之前，先学习"，把"终生学习"作为座右铭，近乎贪婪地追求知识，可以说就是始于这个时期。学生时代厌恶学习的我，进入社会后才深切地感受到学习的重要性，我想这足够有说服力了。

此外，步入社会后的学习，与学生时代的学习相比，显得格外有趣。十几岁的我，以"考入理想的学校"作为唯一的目标而学习，完全没考虑过考上之后又要做什么，学习过程也就越发枯燥了。

步入社会之后，在获取知识之前，我会先考虑运用这种知识做什么。所以，会格外有趣。我认为，学习的乐趣不在于获取知识，而在于运用知识。事实上，我听说很多人进入社会10多年后，还抱有"重新读一次大学"的愿望。熟悉了一成不变的工作，也获得了相应的地位后，只要还希望自己再上一个台阶，就都会希望拥有"知识这座靠山"。

而且，工作的过程中，你会经常惊讶地发现，"学习中，还有这样的主题呢"，其中也有觉得"大学选错了专业，想重新上一次大学"的成分在内。拥有这种学习欲望本身并没有错，但是认为学习只能在大学里学，就未免太过局限了。

其实，想学习，并不需要给自己那么大的压力。在书店里，有各个领域的专业图书，以浅显易懂的方式把专业知识娓娓道来，网络上也有关于各种主题的研究会和演讲的介绍。就连自己身边，也可能遇到可以请教的专家。只要愿意学习，这些信息应该很容易查到。是不是想寻找学习机会，好好学习一番了？

可学的东西数不胜数

好像还有人会满不在乎地说:"我没有任何想学习的东西。"这简直太不像话了!明明可学的东西那么多。更何况,鉴于每个人都有"成为理想中的自己"的人生目标,也应该有许多东西值得学习。

并且,我发现,随着学习的东西越来越多,越能认识到自己的无知。因此,要学习的课题又会增多。只要开始学习,你就会发现学习是永无止境的。

比如,我想"与人交谈时,能巧妙地从对方那里获取自己想要的信息。想拓展人脉,必须提高沟通技巧"时,会立刻读几本人际关系方面的商务书。随手用红笔在重点内容下面画线,如"果不其然,一边附和对方,一边适时地提出小问题,对方就会比较乐意回答。揣摩对方感兴趣的话题,并围绕这个话题提问即可。找准时机,对对方的话题表现出浓厚的兴趣,自然地随声附和。不过,最重要的莫过于坦诚地向对方表达出自己的诚意"。我非常认可这些观点。

关于谈话,我想"学习一下关西艺人捧哏和逗哏的微妙之处或许不错",我还曾经专门研究过电视上的杂耍表演节目。

提到学习,恐怕很多人会联想到去学校上学、接受远程教育、参加研究会等。或许是因为学校的生活比较漫长,"学习＝接受教育"的意识已深入人心。

当然,去学校或研讨会上学习并没错。准确地说,是好事,是非常好的学习方式。不过,我更倾向于认为,"学习"一词指的是"为了提高自身修养而采取的一切行动"。以读书为首,与人交谈,尝试某种体验,看电视、逛街,这些日常生活中司空见惯的行为,只要蕴藏着"想获得什么"的求知欲,就能称为"学习"。

以前,一个就职于某制药公司的人说过这样一段话：

"我们公司的愿景,是为人类的健康做出贡献。要想实现这个目标,为了把优质的药剂销售出去而磨炼销售技巧,也是一项很重要的学习。同时,自己主动掌握急救知识的学习也很必要。万一在大街上遇到需要紧急救助的病人时,自己连人工呼吸都不会的话,就太糟糕了。所以,我特意到消防局接受了急救培训,并拿到了急救技能证书,目前仍在坚持学习一般施救知识。"

用这种方法去寻找学习的主题真的棒极了。要实现一个目标,可能需要学习好几种东西。总之,这取决于每个人的意识。

我平时除了学习公司经营、风险投资、互联网等与工作直接相关领域的专业知识,还学习由此向外扩展的"枝叶部分"——政治、经济、法律、金融、市场、英语会话等。此外，还学习人际交往、行为举止、时尚方面的知识，学的东西可以说是五花八门。

先思考，后行动

我的思维特征之一是，"面对任何事，都不立刻行动，而是先思考实现目标最有效的方法，然后再快速行动"。这种思维方式不是为了"尽快冲向目的地"，而是为了"尽快到达目的地"。我在所有场合都运用这种思维方式。下面以股票投资为例，详细地介绍这种思维方式。

我从年轻时到现在，一直都在做股票投资。本书并不是专门介绍股票投资的书，不过就我的个人经验而言，学习股票知识，投资股票，既是一项很不错的学习，有时候也能带来实际的收益。

我开始学习股票投资，纯粹就是因为没钱。当初是通过压缩伙食费，从 20 万日元起步的。因为我觉得，将来无论做什么都要有本钱，仅靠薪水根本存不到什么钱。

为此，我学了很多东西，包括学习股票知识、读报纸收集信息，甚至还锻炼了精神力量。我发现，要想利用股票赚钱，学会把握别人的心理也很重要，所以还学习了心理学。

估计会有人感到诧异，股票投资为什么会需要学心理学和锻炼精神力量呢？事实上，要想在投资方面获得成功，读懂别人心理的能力和强大的精神力量都必不可少。

股票有着人气投票的一面，股价在很大程度上被人的心理所左右。反过来说，能读懂大众的心理，就能准确地预测出股价的动向。

此外，成功的投资家会在大多数人看到股价下跌而拼命卖出时，云淡风轻地以低价买进；在大多数人都以为会赚钱而大肆买进时，云淡风轻地以高价卖出。他们具备这种精神力量。

所有人都知道股票投资中的赚钱方法，是"低价买进，高价卖出"，但若不具备超乎寻常的强大精神力量，则很难按照这个原则操作。所以，要成为一名成功的投资家，精神力量的锻炼和心理学的学习都必不可少。

于是，我在面对一个目标，需要思考应该如何做时，不会立刻朝目标冲过去，而是休息一下后，思考实现目标的最短路线。

想通过投资股票赚一笔钱，却不立刻买入股票；树立了要去读许多书的目标后，却不会立刻开始大量阅读。首先，读一本介绍速读方法的书，掌握了速读方法后，再读其他内容的书，最后就能读更多的书了。

有了某种想法后，先抑制住自己立刻行动的冲动，休息一下。找到最短路线后，再一口气走完。这种思维方式在很多场合都非常有用。

能带来良性刺激的人更要积极相处

精彩人生来自与他人的美丽邂逅。仅靠自己一个人的努力，走向成功的道路漫长而艰难。与优秀的人见面，接受他们的良性刺激与教育，能够让自己进步得更快。

我这样认为，且对迄今为止见过面的每一个人心存感激。

公司上市之后，我开始积极寻求与他人的邂逅。抱着把上市公司经营者的形象具体展现出来的想法，我强烈地希望与以"怪物经营者"而闻名的人们见上一面。

于是，我下定决心，要与《福布斯》杂志"日本财富人物排行榜"上的各位全都"见上一面"。当然，我把这个愿望列入了手账中的愿望清单，并把他们的名字逐一记了下来。

不可思议的是，真的盼来了见面的机会。在通过报纸、杂志和互联网收集信息时，很难找到他们的名字，于是我就重点留意演讲会和研讨会等信息。

借助这些信息，我获得了与很多人见面、亲切交流的机会。

诚如我们常说的"心想事成"，自从我下定决心以来，几乎见到了所有我决定"见上一面"的"怪物经营者"。有的是在我主动邀约后，对方爽快地答应了见面，有的是我受邀出席某种场合时，正好得以见到。尽管过程各不相同，但是我想，是我的信念成就了这些美丽的邂逅。

我见过的这么多人的一个共同点是，相信梦想和目标，拥有很强的动机，且都不懈努力。

经过与这些"怪物经营者"的见面，我更加确信，自己的体验——实现梦想的方法是正确的。

好的会面，不积极争取就不可能实现。找到能给自己的梦想和人生带来巨大刺激的人，并积极接近对方，争取面对面交流的机会。这有助于增强自己的工作动机，锤炼自己的工作技巧。

并非一定要一对一地交流，如果参加对方的演讲会，演讲会上一定会留出一定的时间供答疑，举手提问就可以了。

这样也等于获得了一对一对话的时间。此外，还可以通过读这个人的著作来了解他的生平轨迹。

重要的是，想与他人会面要有诚意。"见一面，聆听一下对方的心声"这种诚意，一定能传达给对方。此外，受人尊敬的人，心胸普遍都比较开阔。接近对方之前，千万不要觉得"对方不可能会见我这无名小辈"，而自己先放弃。

另外，与自己所敬仰的人见面，不仅见面本身是一种学习，还能作为思考自己的梦想和未来年表时的重要参考。如果发现自己经过深思熟虑写下的愿望清单，总觉得哪里还有欠缺，那就积极地去约见能给你带来良性刺激的人、自己所敬仰的人吧。

这样的会面，一定会帮你找到自己不知道的、未发现的"待办事项"。

● 信赖就是绝佳攻击力

商务活动的基础是人际交往，这么说一点也不为过。无论是拥有 MBA 学位，还是拥有多么丰富的知识、多么强的实力，如果不被别人接受，就无法发挥这些来之不易的本领。

掌握所谓的"商务礼仪"，在一举一动中，运用基于打心底里尊重对方的礼仪，是开展商务活动的基本要素。只有做到这些，才能发挥出实力。

"礼仪拥有最强的攻击力。"

大约在 15 年前，我被这句话震惊到了。这句话来自一本名为《企业家爸爸给儿子的三十封信》（金克雷·伍德著）的书。

当然，我很早之前就知道礼仪很重要，但是还从未从"攻击力"的视角审视过它。

我立即把这句话记录在手账上，并做了如下思考：

最重要的，是重视礼仪，诚心对待见到的每一个人，让别人接受自己。行动时，要充分理解对方的心情，避免给对方带来不快。如果不这样打造信赖关系，我就会被商业抛弃。

事实上，步入社会以后，我已经切身地感受到了礼仪的必要性和重要性，也多次看到有人因为不注重礼仪，导致事业失败的例子。

回过头去看，我幼年时，就从祖母那里接受了礼仪教育。我的祖母出身于剑道世家，她非常重视礼仪。小时候，我一旦做了不礼貌的事，就会被祖母教训。当时觉得很烦，现在再回过头去看，我却感到非常庆幸，发自内心地感谢我的祖母。

此外，我在学习礼仪方面收获颇丰，还得益于我中学时代独自旅行的经历。那时候，我经常独自出去旅行。在与许多大人打交道的过程中，我得以从他们身上学到很多。

说句题外话，我从小就很喜欢冒险、旅行。小学低年级时，曾经一个人乘电车到过母亲老家的乡下，在长野县小诸再往前的田中车站。

而且，当时一个人沿着国道18号线，从家走到了小诸车站，走了足有10千米路……的确是一次冒险。大人们都说："这小子做事太出乎意料了,将来一定能成为大人物。"

这种冒险能让大人们大吃一惊,我感到很开心,并且让我产生了"有志者事竟成"的自信。

不知道是不是对这种成就感上瘾,到了中学时期,我一到假期,就在日本各地拦路搭车旅行。钱包里才装 1 万日元就想去北海道,所以不能搭乘电车或飞机。住宿就不用说了,都是青年旅社。

当时,住过那么多青年旅社,都没怎么看到过独自旅行的中学生。当然,我无论去哪里都是年龄最小的。虽说已经从祖母那里接受过礼仪教育,但还远远不熟悉成人社会的礼仪。与一同住宿的大人们一起打扫、一起娱乐的过程中,难免会有行动考虑不周的情况发生。他们每次都毫不客气地训斥我:

不要把没展开的钱递给人家。
不要说大话,要学会谦虚。男人要少说话,多做事。
你不认真打扫,会给大家添麻烦。
你绷着脸,大家都会不开心。要告诉自己,时刻保持微笑哟。

每一次被训斥,我都能感觉到自己又发现了由礼仪构成的人际关系的微妙。

长久以来,日本的学校教育都被认为偏重于启发智能、增长知识的智育,尤其是近年来,我感觉缺乏礼仪教育的人越来越多,不知道是不是只有我有这样的感觉。我认为,在考虑工作方法之前,先学习礼仪,也是一项很重要的课题。

我经常对员工们说:"礼仪始于形式,归于内心。"

我们有三个口号:

"大声地寒暄,把精气神喊出来。"
"面带微笑,内心会变得更快乐。"
"礼貌周到待人,人们才会尊敬你。"

寒暄、微笑和礼貌这三种形式,会塑造一个人的内心。

感恩一切,问题也会迎刃而解

与礼仪一样,拥有感恩之心也是商务活动的根本。更确切地说,是为人的根本。我在20来岁时的困难时期,就学到了这一点。

看到我因过于忙碌,内心已趋于崩溃,父亲看不下去了。他为我这个连跟他说话机会都很少的儿子请了一位"人生的家庭教师"。这位老师是关原悟空寺里的一位僧侣——手冢纯真先生。

先生每个月来公司一两次，陪我谈各种各样的话题。每次交谈，都有一个必谈的固定话题："你真的懂得感谢别人吗？你在感谢别人吗？"

坦白讲，那段时间，我的状况是，"压根儿没有感谢别人的心情"。但是，我内心知道，既然树立了成为"全能型人才"的人生目标，就有必要让内心世界做出改变。因为我想如果我不改变自己的内心——这个动不动就嫉妒别人、很容易把自己的痛苦归咎于他人和外界因素的内心，我就无法真正成长。

只是，我并不知道具体应该如何去做才能改变自己。在与手冢先生谈话的过程中，我清楚地理解到，第一步是要抱有感恩的心。当时，我的手账上记着以下笔记：

· 运气好的人，相貌必然也好。性格爽朗，待人亲切，不苛责他人，富有生气，懂得感恩，习惯早起，诚实，公正。

· 性格不开朗的人，内心有杂物（厌恶、憎恨、苦楚）。要想去除杂物，则需要从零开始整理自己的内心。

· 首先是要对父母有感恩和感谢之心。对父母有感恩和感谢之心的人，懂得尊重别人。如若不然，就只能因利益与别人打交道。

· 感受生命之恩。用父母的眼光去感受，能在多大程度上回应他们的期望?

·即使父亲突然发疯了一样,说些不合时宜的话,也要用"是的"来回答!

这些话不需要特别解释说明。在先生的指导下,经过我的努力,我终于养成了感谢别人的习惯。

也许有人会觉得感谢是一种自然的感情表现,不是需要"努力"才能得到的东西。但是,我却认为,不经过努力,就不可能拥有懂得感谢的心。

之所以这么说,是因为如果对内心的情绪放任不管,就很容易陷入消极情绪。

假如有人给你带来了不快,你就会立刻开始不喜欢对方,甚至讨厌对方。这是人心的自然反应,可是,这样一来,感谢之心就会消失。只要一想起那个人的脸,内心立刻就会充满愤怒和不满,内心的平和也会被打乱。我之所以强调"努力",就是因为要避免出现这种情况,需要努力去压制内心的自然反应。

尽管说是努力,但其实并不是多么困难的事。无论是什么原因让你产生了不快,那里都会有某种值得学习的东西。只需要将它找出,哪怕强迫自己去找,然后对它说"谢谢你令我受教,谢谢"。

即使遭受对方的嘲笑,也对他说"感谢你的批评";即使对方故意撒谎,也对他说"为了不伤害我,你费心了,感谢";即使对方无端对你发脾气,也对他说"谢谢你跟我不见外"。在这样的情况下,等于是说明了别人的行为对自己有好处,自己自然就不生气了。总而言之,不抓住对方的缺点不放,只看别人好的一面。养成这样的习惯后,内心自然就会懂得感谢了。

与此同时,当你抱着感谢的心情与人相处时,对方也会发生改变。任何一个人,对于认可自己的人,都不可能抱有负面情绪。用"我很喜欢你,很感恩能与你相遇"的心情与人相处,对方也会向你敞开心扉。

抱着戒备之心或不信任感与人相处,这些感情会直接传达给对方,不言自明,这样就不可能打造出良好的人际关系了。

想必大家都有这样的体会,就是当你越懂得感谢别人时,你的内心就会越平静。无论处于多么糟糕的境地,都能坦然自若。无论发生什么情况,只要感恩一切,问题就会迎刃而解。

多亏了我对任何事都抱有感恩之心,才得以结交很多朋友,并从他们那里得到了很多良性刺激和帮助,才能把事业做得越来越好。

从懂得感恩开始,改变内心的状态,与遇到的每个人携手共进,创造生存的力量——我的"心灵项目",在某种意义上可以说是成本为零,却能创造出无穷收益的工作方法。

Chapter 05

实现自我的路上,信息必不可少

尽全力向目标迈进，就要避免遗忘

我 20 来岁时，经常被父亲呵斥道："不要再写了！用脑子记！"

我一直把父亲当作事业方面的导师，一切都按照他说的办。不过，我至今还感到庆幸，在养成记手账的习惯这一点上，没有听从父亲的意见。

我的手账，不仅记录梦想，还把围绕人际关系的日常言行全都简要地记录了下来。我一直坚持记手账，以致被身边的人称为"手账狂魔"。

原因在于，我并不是一个头脑足够聪明的人，无法把工作和生活中与别人的谈话以及别人告诉我的东西全都记下来。

既然大脑记不住，就只能借助手账来记。这样一来，就不会出现把和别人之间的约定和应该做的事"不小心忘记"的情况。而且，当别人说"我没说过那样的话"，或"我没听说过那件事"等时，你可以无比确信地说："不，你说了。"

有时候，对方会很感激，说"这你都能帮我记着呀"。

另外，我会把听到的有用的话记在便利贴上，然后把这些便利贴全都贴在手账上。所有这些笔记，都在以某种形式支持着我去实现目标。

人们每天都会与他人交流，可是转眼就把谈话的内容忘得一干二净了。这种情况非常多，因此，关于"说了，没说"的争论才会频繁出现。违背约定给人带来很大的困扰；忘记应做的事导致事情推迟；对同一个人多次提出同样的问题；好不容易得到了好的建议或工作灵感，却失去了实践的机会；由于记忆模糊，导致谈话开始跑题；等等。是的，会产生各种各样的危害。

谈话时本打算"记住"别人的话，可是日常杂事一多，别人说过的话往往就像是命中注定的一样，会从大脑中消失得无影无踪。在咖啡店说上一句"请给我倒杯水"，很多服务员一边回答"好的"，一边转眼就忘记这件事。对于别人说的话，人们就是这么容易忘记。

所以，有必要把语言转化为文字，记录在"另外的大脑"——手账上。在我看来，每个人在跟别人谈话时，都应该做笔记。无论一个人的大脑有多聪明，也很难指望他能一直准确无误地记住谈话的内容。如果不记笔记，说不定对方就会怀疑你是不是压根儿没打算认真听他说话，会觉得你是不是对于人生太不认真。

另外，一提到记笔记，有人会立刻把它跟"工作"联系起来。这也不对。与手账一样，笔记不仅是"工作"的强有力支撑，它还能为你的"人生"添砖加瓦。

在我的思维手账中，我为经常一起交流的人以及对我比较重要的人，建立了"分类文档"，每个人在手账上都有专门的一页。其中，有一页是"母亲"。

在这一页的右上角，写着索引"母亲"，按照日期的顺序逐条记录了母亲说过的话。每次给母亲打电话时，我都会翻开这一页，对比上一次的记录。

"您上次说感冒了，现在怎么样了？好利索了吗？"

一边这样问，一边往手账上写。

"过生日时一起去吃饭，您想吃什么？"

问过后，记下"预约火锅店"。因为想实现"家庭"方面的梦想，所以会这么认真。

希望度过美好人生的人，想用尽全力朝目标前进，为了避免忘记应该做的事，就会认认真真地记笔记。希望自己能继续成长，为了保证随时能看到令自己印象深刻的话，所以把它们都记录下来。

与此相同，因为重视与别人的关系，记笔记可以帮助自己遵守约定，这一点也很重要。

真诚地面对人生，告诉自己"不能忘记重要的事"，记笔记的手自然就会行动起来了。

我相信，记笔记的习惯，帮助我塑造了自己的"人格"，塑造了自己的"命运"。因此，说成为"手账狂魔"是工作方法中最重要的一项，恐怕也不为过。

比起"记住",更重要的是"找到"

笔记,不能胡乱写下来就了事。记笔记,就是为了便于日后重新看。如果笔记不方便翻阅,那就派不上任何用场。此外,如果记笔记时不分类整理,等到要用的时候,就容易怎么都找不到要用的内容在哪里。于是,只好花费时间去翻找,导致工作效率降低。

所以,我们要掌握记笔记的基本方法。

在手账上记笔记的一个大原则,是"把每一件事都单独归纳在一页活页上"。要把所有关于同一件事的笔记归纳在一页活页纸上。平时有意识地这么做,既可以养成只记录真正的重点的习惯,以后需要重读时又能很容易地找出来。

此外,要实践这一点(把每一件事都单独归纳在一页活页纸上),还是选用 64 开的《圣经》大小的手账最为合适。原因在于,比 64 开的《圣经》小的话,活页纸的空间不足以记录一件事。反之,如果用 B5 大小的大手账,又会因为空间过多,造成浪费。

我还经常把用 Power Point 等软件制作的资料缩印一下,

做成剪报贴在手账上，64开的《圣经》大小的手账又正好能放得下这种缩印的资料，非常实用。

此外，还需要花点工夫，以便在翻开手账时，能一下子就找到要用的笔记。我会在活页的右上角，竖着写几个字作为索引。只要自己能看懂就行，市场会议的索引就写成"市会"，管理层会议的索引就写成"管会"，用这种简略化的标题就足够了。

无论是什么案件，都从手账的第一页按顺序往后写，这样胡乱做笔记的人想必会经常拼命地翻找，"明明记在某个地方了"，却怎么都找不到。"为了使它显眼，没用索引，用圆把文字圈起来了，可是都从头到尾翻了三遍，才终于找到"，以上这种情况会经常发生。

既然把记忆全面交给手账，花点工夫，以便瞬间就能找到所需的信息，是非常重要的一件事。请大家务必参考这一点。

梦想、红笔与比较

有很多人问我："你是在什么时间，如何收集信息的？"我平时相当忙碌，对方看到我的手账被剪报撑得鼓鼓囊囊的，会觉得不可思议，到底是什么时候整理出来这么多信息的呢？此外，在谈话过程中，还会被对方问道："你记得真详细，是从哪里得到的信息？"我快速从手账中找出所需资料时，也会令对方大吃一惊。

其实，我并没有做什么特别的事。信息来源跟大部分人一样，来自报纸、杂志、书籍、网络等媒介，我也并没有雇用专门的信息收集员。当然，我所遇到的人都帮助我拓展了视野，但是跟别人一起如此这般地讨论的机会并不多。

我觉得，需要具备三种神器来收集信息，我自己也一直带着这三种神器：梦想、红笔和比较。有了这三种神器，就能从堆积如山的信息中找出宝藏。

第一种神器，是梦想。

人们常说："信息不是以量取胜。"那么，将它定义为"以质取胜"，怎么样呢？我可不这么认为。如果一个人的理想是成为一流的寿司行家，那么即使把世界上评价最高的汇兑相关的报告都拿给他，对这个人来说，恐怕也称不上是有用的信息吧。

要收集到对自己有价值的信息，首先要有从梦想或目标倒推出来的目标意识。没有目标意识，多么优质的信息，对一个人来说也等于垃圾。

由于我已把梦想和目标刻在脑子里，以致我的双手都明白我需要什么样的信息。在报纸上看到相关新闻，手里的红笔立即就动起来了。有时候，自己也不明白"为什么要把这则新闻做成剪报",不过,过一段时间就明白这是实现梦想所需要的信息。原来是潜在的愿望通过记录下来的新闻体现出来了。

带着梦想、目标和主题行动,就不会遗漏所需要的新闻。有人说,"当我想调查某一件事时,很幸运地发现,报纸上竟然有相关连载",其实并非报纸上碰巧刊登了与你调查的主题内容一致的新闻,而是你有意识地收集某个主题的信息,正好捕捉到了相关的新闻。反之,说"相关的新闻很少"的人,请反省一下自己,是不是既没有任何梦想和目标,也没有主题意识,每天无所事事呢。

第二种神器,是红笔。

普通的红色圆珠笔就可以。我在读书或报纸时,手里一定会拿着一支红笔。并且,在需要的地方或重点部分画线。这样做,不仅有助于集中注意力,还有助于更快地理解重点。

当然,稍后会把画出来的部分做成剪报。我以前的剪报文件堆在一起,仅保存在公司里的文件,就有30多米高。

第三种神器,是比较。

自古以来,有一句话叫作:"比较是智慧的开始。"整理信息,并比较、探讨以后,智慧就会自动涌现出来了。当然,这时如果没有梦想和目标,自然也就不知道为什么去比较、比较什么了。

有用的信息属于拥有梦想和红笔且花时间去比较的人。

先"看"后"读"

关于信息的来源，我的选择是报纸、杂志、书籍和网络这几个资源库。各个资源库还各有各的特点。

首先是报纸，我认为"报纸上有着最全面的信息"。这是父亲教我的一句话，我自己也有相同的体会。

报纸上刊登的，是成千上万名新闻记者走遍世界各地，"用双脚走出来的信息"。以人海战术收集到的信息量，与电视和杂志不相上下。电波鼎盛时期自不必说，就连现在还是"信息量最大的莫过于报纸"，报纸上没有多余的臆测和情绪性的记述，最适合用来直接地、正确地了解事实。

我常买、常读的报纸，有从 20 来岁时就一天不落的《日本经济新闻》《日经产业新闻》《日经流通新闻》，以及上市伊始就开始读的《日经金融新闻》这四种报纸。关于不读《朝日新闻》和《读卖新闻》等常见报纸这一点，恐怕也是我与众不同的一点。

我每天早上 6 点起床后，立刻就把这四种报纸平摊在地板上，开始看报纸。我看报纸时的姿势很独特，首先是屈膝跪在地板上,一只手拿着红笔,稍微弯着腰,追随一个个的印刷字。这种读报纸的姿势,是为了保持一定的距离去"看"报纸。这样可以将摊开的报纸上所有的报道尽收眼底,减少漏掉对我而言比较重要的报道的危险。

大致浏览一遍后,用红笔把感兴趣的报道圈起来,然后保持原来的姿势,仔细阅读这一篇报道。并且,在遇到特别重要的报道时,我会在旁边的空白地方写上日期,把这篇报道所在的页面全部剪下来。把剪下来的报道折成手账大小,贴在活页纸上。趁有空的时候,再反复读上几遍。这时候,右手必定也拿着一支红笔,在重要的地方画个圈,或画条线。广告页也以同样的要领浏览一遍,尤其是书的广告,看到想读的书,立刻用红笔圈起来,写上"购买",然后把这一页全部剪下来。

这些剪下来的报纸碎片,我会全部交给秘书处理,即委托秘书把需要的报道剪下来,或者在亚马逊上订购标记了要购买的书。

● 在空白处创造价值

杂志方面,现在定期订购的主要是与金融和网络相关的杂志，共有 30 余种。杂志就不像报纸那样平摊在地板上读了，而是先读目录，然后只读标题比较吸引我的文章。

当然，我还是会一只手握着红笔，比较重要的报道，就以处理报纸的方法保存在手账上。

书籍方面，为了实现未来年表上的梦想和目标，必须读的相关主题的书，我左一本右一本地全买回来了。因为工作比较忙，所以基本都是在亚马逊上下的单。

在报纸或杂志的广告及书评栏看到一些感兴趣的书时，觉得"这个主题我想学习一下""这本书的内容正是我感兴趣的，里面可能有我想要的信息"，于是就下单订购。有时候，我也会在网络上搜索，"会不会有这样的书呢？"搜索到后就下单购买。

举一个最近的例子，我特意搜索了有关提高速度的方法方面的书，觉得书不错就会买回来读。因为我想读的书太多了，这种书旨在帮助读者"提高阅读效率"，所以很有必要读一读。

20 来岁时制定的"掌握速读方法"这一目标，至今还没有实现，所有现在还要继续学习。

不过，也不能每次买书都在亚马逊，自己迈开双腿"到书店去"也很重要。这是因为，很多没在报纸等上面登广告的书中也有很多我需要的好书。尽量抽出时间，争取每两周去一次书店。所以，我把订购杂志的接收方式改为到书店自提，而不是邮寄到家。

到了书店，我会在一排排书架前踱步，看到喜欢的书就毫不犹豫地买下来。

当然，我读书时，也会拿着红色圆珠笔和自动铅笔，在重要的地方用红色圆珠笔画线，用自动铅笔做笔记，把从书中得到的启示或产生的疑问写下来。所以，我的书上，封面和余白部分全是笔记。

有时候，遇到像格言一样的短句，根据需要，会把它写在便利贴上，然后贴在手账上。有时候，我会在只有"不要输给对手""敞开心扉"等标题页上抄写上好几行文字。

所以，我家里书房的藏书，无一不是画满了线，封面和余白处都被写满了笔记。这跟学生在课本上画线，在空白处记录老师所讲内容很像吧。

不仅仅是读书上的文字，还因为有了这样的"书写"动作，所以可以确保"印象深刻的内容随时都能回想起来"。重要的信息被强烈地输入了大脑，所以更容易停留在记忆中枢。我甚至会从公司往家里打电话，要求家人找"××类的书架上有一本叫作××的书，把用红线画出来的那一段内容读给我听"等。

如何兼具效率与效果

互联网也是一个重要的信息收集工具，互联网作为信息宝库，可以瞬间从中提取出各种各样的信息。

互联网能够立刻回答你突然冒出来的疑问，当你想分析或考察某个东西时，它能为你提供带来重要启示的信息。它还能够大大提高你的工作效率，如此方便的信息工具简直举世无双。

另外，我还订购了数十种邮件杂志。还使用了在互联网上设置密码后自动匹配的服务，经常从网站上下载所需的信息。

群发邮件也可以帮助我们找到"掌握某种特定信息和知识的人"，在需要找人请教时非常有用。

所谓"群发邮件"，是只需要向一个邮件地址发送邮件，全部成员就能收到邮件的一项服务。是需要与朋友、同事、家人、客户等共享信息时使用的一项免费服务。

想了解某种信息或想拜托对方做什么事时，只需要发一封邮件，"这个谁会，来教教我""谁能帮我一把"之类，很快就能得到所需要的信息，节省了给很多人打电话询问或发信的时间。也不必在邮件的收件人栏和抄送栏输入几十个人的邮箱地址，可以明显减少收集信息所花的时间。

群发邮件可以超越空间和时间的限制，同时给很多人发送邮件，而且还可以免费试用。因此，在互联网普及的今天，它备受瞩目。

抱歉，稍微偏离正题一下，说实话，在很多年前，我就相信"邮件将来会成为互联网的最大推广媒介"，决心成为这个领域的佼佼者。于是，经过与大川弘一（他是日本最大的邮件杂志平台 Mag Mag 的经营者）会长的洽谈，我成立了承接 Mag Mag 的广告业务的公司 Mag Click，并就任社长。

引起我关注的，正是群发邮件这项服务。考虑到其中 FreeML 这项服务很棒，我找到这样服务的创始人河野吉宏先生，他同时是一位天才技术师，还有孵化了 FreeML 的 Netage 的西川洁社长洽谈，决定由 GMO 出资，把 FreeML 作为 GMO 集团的邮件媒介培养壮大。

令人惊讶的是，FreeML 以出乎意料的速度获得了广大用户的支持，成长为日本乃至亚洲最大的免费群发邮件服务平台。

我们还是回到信息收集的话题上。很早以前，想查什么东西，需要到图书馆或书店，或者翻报纸的缩印版，从数月甚至数年的报道中找出自己要找的信息，这非常耗时间。而现在，托互联网的福，查找信息只需要花费短短几分钟时间。用来查找信息的时间，可以用在其他更重要的工作上面，熟练地使用互联网，无疑也是一项很重要的工作技能。

就我个人而言，正是认识到了互联网的魅力，才从事了现在这份工作。即以"把互联网介绍给每一个人"作为商机。自从我创业以来，就把互联网作为信息收集工具充分利用。对于我而言，"持续提供更加便利的服务，不断地扩大互联网世界和用户群体"是自己的使命，也是自己的命运。

可是，互联网也有它的缺点。网上想仔细阅读的内容丰富多彩，无奈不能在上面画线或做笔记。用眼睛看呈现在画面上的文字，不像纸媒那样容易记，信息无法进入大脑。这样一来，就只能把报道打印出来。关于"思考"工作相关的信息，最好把网络信息转化成纸质信息。

以上，是我的信息收集方法的梗概。重点在于，把红笔等非数字化工具与互联网等数字化工具巧妙地结合起来使用。手里握着红笔，有助于提高对信息的注意力，有助于更快地理解重点。与此同时，可以立即把自己的所思所想记录下来，不让"好想法"从大脑中消失。

信息收集这项工作，我已经坚持做了20多年。我所有的剪报摞起来，足有30米高。用红笔收集起来的这些信息，是我人生的导师，也是助我实现梦想的"幸运小槌"[①]。

而且，互联网为提高收集信息的速度做出了巨大的贡献。

---

① 幸运小槌： 只要敲一下就可以实现自己的一切愿望。出自日本古代童话《一寸法师》和《龙宫童子》。——译者注

建议现代商务人士在收集信息时，同时利用好实物和数字化这两类工具。

● 整理从大小统一开始

信息收集有三种神器，同样，信息整理也有属于它的三种神器：手账、电脑和 A4 文件夹。手账在本书中已经讲过，电脑的便利性也多次提起，在这里，我将主要介绍一下 A4 文件夹的功能。

信息整理的窍门有很多，我最重视的，是"信息整理从统一尺寸开始"这一条铁律。如果信息的外形不一致，整理起来就会很困难。因此，我把作为信息载体的纸张大小，统一为 64 开的《圣经》大小和 A4 大小这两种，分别放进手账和 A4 文件夹里进行整理。

关于 64 开的《圣经》大小，前面已经多次讲到它的便利性，这里就不再重复。那么，说起为什么要统一成 A4 大小，理由很简单：A4 大小，是市面上文件的标准尺寸。

既然要严格遵守"信息整理从大小统一开始"的铁律，手账或许也应该选择 A4 大小。可是，考虑到要随身携带，手账

- 117

还是应该选择 64 开的《圣经》大小。

所以，我把 A4 大小的东西放进 A4 文件夹里保存。如果需要把 A4 大小的资料等放进手账，则把它缩印，或者按照设计公司折叠地图的方式，把资料折成手账那么大，收纳起来。

因此，我的资料，要么是 A4 大小，要么是手账大小——跟 64 开的《圣经》一样大。在整理和管控信息方面，这种形式上的统一非常重要。

当然，A4 文件夹也需要认真整理。以后想查找资料时，如果不能快速找出来，会造成时间的浪费。

所以，把资料放进 A4 文件夹时，也要为不同的项目标注索引，保证在需要查找某个资料时，无论是借助项目索引，还是时间索引，都能立刻找到所需资料。最理想的状态，是哪怕 10 年前的资料，也能立刻追踪得到。

快来利用信息整理法，让你的桌面和大脑都保持井井有条吧！

Chapter 06

用有限的时间创造无限的价值

🌑 如何大幅提高效率

21岁时，我既是丈夫、父亲，又是学生、社会人，一人身兼四个角色，每天都过得忙忙碌碌。从早上8:30工作到晚上11:30、12:00是家常便饭。有一次，我想早一点回去休息，却遭到父亲的一顿训斥：

"你到银行去看看。名牌大学毕业的人，还每天工作到很晚呢。你又不是聪明人，必须比他们工作到更晚才行！"

记得当时我真的到银行去看了，正如父亲所说，那些作为精英的银行职员所在的大楼，仍然灯火通明。我不禁愕然。比自己工作能力强的人，还比自己工作时间更长，这已经是无可战胜的了。

时间面前，人人平等。在我看来，除去睡觉的8小时和工作的8小时，另外8小时的使用方法，拉开了人与人之间的距离。我把剩余的8小时全部用在"工作"上，以实现自己的梦想。

如果统计"白领最爱说的十大口头禅"，"太忙了""没时间"之类的话，一定能名列前茅。在现代社会，好像有了"说自己闲会儿，感觉很丢脸"的风潮。

说起来，我为了实现梦想，计划要做的事堆积如山，每天都很忙，感觉有再多的时间都不够用。

但是，我从来不向任何人发牢骚，说自己"忙""没时间"。有时间去发牢骚，还不如用这点时间去完成一项工作。与其感叹"没有时间"，倒不如想办法"制造"时间，后者要重要得多。

我特别讨厌浪费时间。就连洗澡时，把洗澡水放热之前，也不愿意白白等着。所以，打开水龙头之后，连忙上厕所，然后脱掉衣服，进入浴室。

这些细微的行为积累起来，就形成了我的"时间节约方法"。接下来，将为大家介绍我的时间节约方法，即如何提高时间效率。

● 多用"同时做 N 件事"

我"创造"时间的方法中，最有特色的一个，是经常同时做多件事。我会尽最大可能，同时处理多项工作。

话虽如此，但必定是把"不动脑无法进行的工作"与"不动脑也能进行的工作"搭配起来做。再怎么擅长同时做多件事，我也不具备"边开会，边读书"，或"边写稿，边制订经营计划"的能力。同时做多件事，换个说法，就是把不用动脑的时间充分利用起来，去做其他的事。

比如，我经常在行驶的车上同时做多件事。在到达目的地之前，呆呆地望着车窗外闪过的风景，或者与驾驶员及同乘者闲聊这些情况，绝不可能出现在我身上。

我要么是让管理人员跟我坐同一辆车开会，要么使用手机的 FOMA 与管理人员开电话会议。或者回复重要的邮件，阅读工作方面所需要的文件、图书或整理手账。

在车上这个安静的空间里，可以做很多很多事。我偶尔还会把车当成卧室睡上一觉，这叫作"补充睡眠"。对我而言，这也是一项很重要的"工作"。

如果去市内、近郊，我全部选择坐私家车，这也是为了"创造"时间。如果有员工一起去同一个地方，只要不需要开会，我都会安排与其分开乘车，把车内作为"可以一个人集中精力做事的空间"。

总之，我习惯了一边坐车，一边处理工作。

另外，使用私家车到某个地方，如果比约定的时间早到，我也会很头疼，因为我与"还有时间，喝杯茶吧"这种消磨时光的行为完全无缘。

我本来就很讨厌花时间去等待，所以几乎不会提前出发。

我总是以"just on time"为目标，在去往目的地的路上，直至下车前，一直保持工作状态。

担心迟到，所以提前一点出发，这种做法并不是不好，只要带着工作，万一提前到达，还能用这段时间处理工作就行。就能一边工作，一边等待了。

总之，对商务人员而言，只要利用好车上的时间，同时处理工作，就会发现这段时间其实非常宝贵，可以度过得更有价值。

也许有人会说，"就算在车上什么都不做，那也算是工作时间。况且，坐在车上处理工作，工资又不会增加，我才不想那么做"。只能说这种人的觉悟太低了，为"只是坐车的工作"支付薪水的企业经营者可真够可怜。

我不认为平时总说"太忙了，没时间"的人觉悟都这么低，只是希望大家可以增强时间意识，充分利用好坐在车上的时间。

另外，星期六和星期天，我基本都在家里工作。边休息，边工作，这也算是"同时做多件事"。在工作的间隙休息一会儿，来调整身体的状态，这种方式很节约时间。

起床后立刻坐在桌子前工作，感到"有点累了"时，就去洗漱间刷牙。下一次感到累时，再去洗脸。然后再下一次感到累时，就去换一下衣服。就像这样，隔两小时左右休息一下，同时整理自己的装束，到下午全部完成。在我看来，专门花时间去休息实在太浪费时间了。

此外，我还会：

- 一边浏览网页，一边吃饭。
- 一边翻阅手账，一边上厕所。
- 一边读书，一边泡澡。
- 一边听英语会话录音，一边健身。

如果能把同时做多件事贯彻到这个程度，就能"创造"出很多时间。

我知道有的人觉得"什么都不做的时间也很重要"，我的做法并不适合所有人。但是，同时做多件事很有必要，它能帮助你提高效率。希望大家能认识到这一点，这非常重要。这是一个很得力的工作方法，能够帮助你从"没有时间"的状况中脱离出来。

● 为时间投资

古语道："时间就是金钱。"字典上的解释是："时间有着与金钱同样的价值，不要浪费，应该用来努力拼搏。"（参考三省

堂刊行《故事·谚语·惯用语辞典》)

我非常赞同这句话,深感"的确如此"。同时,在把这句话运用到实践方面,我认为"有时候,花钱去买时间也是有必要的"。

这种说法听起来可能不太顺耳,但请试着去想一想:作为现代人,哪个人不是在用金钱购买时间?或多或少而已。

为了减少在路上的时间,去乘坐飞机或新干线;为了提高信息收集的效率,利用互联网;为了及时沟通,使用电话或邮件;为了节省购物的时间,选择网购……每个人都会在不同的情景中,"花钱买时间"。我只是这方面的意识比别人更强一些而已。具体都在什么情况下,我会"用金钱购买时间"呢?换言之,"为了节约时间而花钱"呢?下面就来介绍几个具体的例子。

· **不管价格高低,批量采购消耗品**

举一个很切身的例子,香皂和洗发水就属于这一类。自己平时喜欢用的商品是固定的,批量采购更有利于节约"去购买的时间"。

假如往返该店铺的时间为 30 分钟,一次只买 1 个,一天去买 10 个的话,要用 5 小时。而一次性买 10 个则只需要 30 分钟。即使是按原价买,鉴于一次性买更节省时间,也很划得来。

- **坐飞机时购买头等舱**

尽管比较费钱，但可以买到使自己能够集中精力工作的环境。另外，也不需要花时间等待检票。即使需要等的话，火车站或机场也会为你提供专门等待的场所。

如果选择经济舱，空间根本就不够把书或电脑摊开来工作。

为宽敞的座位和没有噪声的环境付费，可以提高工作效率，这个道理不言自明。

- **图书，只要有几行文字想读，就把它买下来**

纠结于"买，还是不买"，只会把原本应该用来细细品味内容的时间浪费掉。也许你会说"只有几行文字想读，用心把它记下来不就行了？"但我认为，如果你正好对一本书中的几行文字感兴趣，就值得把它买下来读一读。

如果这次暂时忍住不买，以后又想买的话，还需要再花时间去找这本书，我们应该避免因为这样的情况把时间白白浪费掉。

这么说可能有些夸张，但在我看来，从时间成本的角度考虑，事业的 M&A 其实也属于花钱买时间的行为。

以上只是一部分例子，从避免浪费时间的观点来重新审视自己的行为，能用钱解决的事情其实很多。大家不妨试着用自己的方式去"创造"时间吧！

灵活"创造"时间

现在，我一般会随身携带三部手机，因为区分使用这些手机，可以提高效率。

在有紧急事情的情况下，我会用手机邮箱收邮件。手机有一个缺点，就是无法在通话的同时收发邮件。因此，一部手机专门用来收邮件。边看这部手机上收到的邮件，边用另一部手机给发邮件的人打电话。如果只有一部手机，则无法边看邮件边打电话，导致通话过程中浪费多余的时间。由于不可能逐一记下邮件中所写内容，就需要花时间去确认"什么来着"，这就属于在做无用功。如果在回信的过程中，再回过头去确认邮件的内容，则会更加浪费时间。

此外，我还有一部FOMA，专门用来与管理人员联系和开会。我主张"面对面确认现场的销售数字"，因为我认为，只检查以数字化形式递交上来的表格，这样的工作不够全面。

要与管理人员碰面，肯定需要其中一方转移位置，这就会造成时间的浪费。因此，我使用"能见面"的FOMA，可以实现面对面的沟通。

需要购买某种东西时，用FOMA也很节约时间。安排人到店里去，用FOMA把东西拍下来，问我"选哪个"即可。这样就免得这个人先到店里去拿广告单，回来听取我的意见后，再次去店里购买的麻烦。而且，我还可以早点拿到自己想要的东西。

此外，我的车里一直配有两台笔记本电脑。这两台电脑通过PHS（个人手持式电话系统）一直保持联网状态，我就可以随时在车上处理邮件和操作股票。

像这样同时使用三部手机，车上配两台电脑，光通信费就要花不少。也许有人会说"浪费钱"，可是，正如前面所讲，这样可以通过"同时做多件事"节约时间。把省出的时间用在生产效率更高的工作上，这种投资的效果相当不错。

"一部手机用于工作，一部手机专门联系家人，一部手机专门联系秘密的情人"，这种做法才是浪费钱。而我使用三部手机，不仅"创造"了时间，还提高了工作效率，创造了实际效益。

● 把妨碍集中思考的要素拒之门外

　　导致工作效率下降的主要原因，就是思考被打断。集中精力工作时，有电话打进来，或者有访客到来、部下有事过来请示，只能停下手中的工作。这样一来，等重新回到原来的工作中时，要想达到之前的紧张状态，需要花相当长一段时间。

　　专注思考，与百米冲刺很相似。百米冲刺，就是听到"预备，跑！"的指令的同时，奋力向前跑，并逐渐加速，以最快的速度向终点冲刺。可是，如果每跑 10 米就遇到一个障碍物，会怎么样？跑了 10 米才提上来的速度，遇到障碍物后，恐怕还得再跑 10 米才能恢复到之前的速度。

　　这个理论，同样适用于处理工作的速度。集中精力一小时就能完成的工作，因为受到干扰，结果花了两三个小时才完成，这样的情况并不稀奇。

　　对集中注意力要求不那么高的工作暂且不管，如果是需要深思熟虑后得出结论或者提炼出观点的"靠集中精力才能完成"的工作，最好的办法是，在开始这项工作之前，提前排除一切干扰因素。

我有需要保持精力高度集中的工作时，会提前把其他琐碎杂事以及需要与其他人一起完成的工作集中处理完毕。

如果不先把这些琐碎的工作处理完毕，就着手去做"靠集中精力才能完成"的工作，会觉得不踏实。"这个、那个，都必须早点处理"的想法会一直盘旋在大脑中，影响注意力集中。

相比而言，提前把这些琐碎的工作一口气处理完毕，更有利于后续重要工作的顺利开展。此外，在处理完琐碎的工作之后，工作处理能力会乘胜而增，为集中精力处理后面的工作带来积极的影响。

另外，一口气把琐碎的工作集中处理掉，工作效率也会提高。例如，当你"必须打六通电话"时，打完第一个和第二个电话后，口才在不知不觉中就变得更好了，大脑思考的速度也明显提高了。

如果隔一会儿打一个电话，每打一个电话时，很可能会想不起来"电话号码记在哪里了？""什么事来着？"再去翻手账不仅浪费时间，谈话的张力也会差那么一点儿。

说一点题外话，当你打电话的对象不在，无法立刻沟通时，如何处理会比较好？下面我来教大家一个方法。在这种情况下，我会选择过一会儿再打，或者请对方在我指定的时间打过来。指定时间的时候，我会说"我 7 分钟后再打过来""麻烦在 4:13 的时候回电话给我"。设定一个有整有零的时间，推荐大家也这样做。

据有关图书讲,"有整有零的时间会让对方推测你一定是有非这个时间不可的事情,所以会准时打过来"。这个方法用得太多也会令人反感,我会时不时地用一下。

就这样一口气把琐碎的工作处理完毕后,告诉秘书"从现在开始两小时内,除非有特别紧急的事情,否则尽量不要来打扰我"即可。

如果没有秘书,也没有独立的办公室,照样可以为自己创造一个排除干扰的环境。反复向周围的人传达自己的宗旨,即每天需要有一段时间集中精力工作,大家应该会愿意积极配合。

如果周围的人不配合,还可以利用上班之前的时间。那段时间既没有电话,也没有访客,可以在办公室里集中精力工作。或者躲在空闲的会议室、安静的漫画咖啡馆等,只要肯花心思,就会有很多办法。

需要根据自己的个人状况,去想办法"创造时间"。这正是充分发挥个人智慧的时机。

在整理中节省时间

人们在找东西这件事情上,花费了非常多的时间。记得从哪里看到过这样一组数据:"白领平均每年花在找东西上的时间,足有150小时。"150小时,几乎相当于一个月的工作时间。这么多时间就白白浪费了?

单从找东西这一动作来看,"找了1小时,还是没找到"这种情况就另当别论了,一般只需要5~10分钟,时间其实并不算长。人们常说"聚沙成塔",找的次数多了,用的时间加起来可就不容小觑了。

反过来想,如果能把找东西的时间节约下来,每年就能多出来150小时的工作时间。这些时间绝对值得节约。

那么,东西为什么总是会消失不见呢?原因很简单。因为在收拾东西的时候,没有认真地去收纳和整理。

做不到这一点的人,可能会说"我才不想把时间花在收纳和整理上呢"。其实,与找东西所用的时间比起来,收纳和整理所用的时间是微不足道的。

只要养成习惯,把东西收纳在它所对应的位置后,并不需要花很长时间去整理。

我特别讨厌找东西，所以我的东西都收拾得井井有条。办公桌上，文件类只放目前正在进行的工作所需的文件，以及尚未决定的文件，其他文件一律不放在办公桌上。除此之外，桌子上就只有固定位置的电话、电脑和手账而已。电脑放在右侧，电话放在左侧，手账则放在右手边。

这么摆放，当左手拿起电话接电话时，还可以用右手操作电脑，或者在手账上记笔记。如果把电脑放在左边，就只能用右手接电话。这样就不能在接电话的同时做多件事，会造成时间的浪费。

当然，书籍、资料、以前的手账文件夹、办公用品等，什么东西放在什么地方，我都一清二楚。收纳的位置是固定的，基本不会忘记某个东西放在哪里。我甚至敢说"如果不是在橱柜里，那么这个东西本身就不存在"，就是如此自信。

不仅是办公室里如此，自己家里也是一样，衣橱、书架和CD架等，都整理得井井有条。衣橱里的衣服，内衣放在伸手就能拿到的地方，然后按照衬衫、休闲裤、袜子、领带、外套的顺序收纳，穿起来方便。

洗好的衣服按照要穿的顺序放在里面，手帕、面巾纸、手表等小东西则全部收纳在一起。

总之，这是一个身体只需要做最小幅度的移动，就能令你完成全部穿戴工作的体系。这就节省了频繁地开、关抽屉，在房间里到处寻找手表的精力和时间。

我甚至认为，用来思考服饰搭配的时间都是一种浪费。一旦确认下来"这个组合最棒"的搭配方式，就用宝丽来相机把它记录下来，然后把照片贴在衣橱上。这样一来，就不用再为"这条裤子与这件衬衫不搭，这条领带怎么搭都感觉别扭"而烦恼了，也不用再一遍又一遍地换衣服。

把东西整理得井井有条，建立起自己用起来方便的体系后，花在找东西上的时间就会急剧减少，减少到"0 小时"也不是完全没有可能。

与其一直每年白白浪费掉 150 小时，倒不如立刻开始，花上一天时间，好好整理一番。我想这是一个明智的选择，你怎么看？

高效沟通法则

除了跟公司外部的人或长辈沟通，我一直采取"省略敬启和前略"的沟通方式。可以说，这是邮件时代的一种文化。尤其是在商务人士之间，"邮件省去寒暄，直截了当地谈论事情"已经成为一种惯例。在我看来，对于经常在一起沟通日常工作的同事,"省去寒暄"反而是对对方的一种尊重。

所以,即使是在厕所遇到员工,我也连客气的时间都不给对方留,直接问:"今天,完成多少了?"好像员工之间流传着对我的议论,说我"让人连尿都尿不出来",可是,与其把时间用在"你怎么样?你太太还好吗"这样的寒暄上,不如直接询问业绩,效率反而会更高。

另外,开会时,连"大家都到齐了吧?我们开始吧"这样的话都不用说,直接进入主题。对于员工,要求他们"快速得出结论"。询问员工是否达成了目标,如果对方不直截了当地报出数字,就打断他的话,直接问:"所以,完成了多少?"

大体上,业绩差的话,人们就会想找借口。做报告会很痛苦,这种心情我理解,可是,由于不想浪费时间,我会希望对方直接说:"今天完成了……,未达成目标。接下来我打算……。社长您怎么看?"对方这样说,我会说"可以,就这么做",或者"这样还不够,你要这样去做"等,给出具体的指示。

工作方面的沟通,并不是花的时间越多,效果越好。比如,经常会有这样的例子,迟迟拿不出建设性意见,或者意见迟迟统一不起来,会议一开就开好几小时。如果觉得这样就是在工作了,那可不是好现象。

我认为,沟通不是大家坐在一起苦恼,而是每个人都提出自己的看法,领导快速指出最佳方向,这才是沟通。

公司内部的沟通应该奉行"主题唯一"和"快速得出结论"

的原则，快刀斩乱麻。这是既节省自己的时间，也不浪费别人的时间的一条准则。

不过，我并不是说禁止一切闲聊或闲话。闲聊作为人际关系的"润滑油"，有时候还是很必要的，我自己有时候也会有意识地与别人闲聊几句。

合理处理邮件

现在，邮件已经成为对商务人士而言不可或缺的一种工具。当然，我也使用邮件。

邮件与电话不同，它更尊重个人的情况，这是邮件的一大优势。双方即使都不在场，也可以取得联系，也不会干扰别人的正常工作，或者给别人带来不必要的困扰。

可是，邮件也有一个很大的劣势。最近，刮起了任何事情都通过邮件联系的风潮，导致邮件处理起来很吃力，要花费相当多的时间。

我曾经试着计算我一小时能读多少封邮件：只是读一下的话能读70封；需要给出是或否的答案的话，能读20封；需要思考一下再回信的话，只能读7~8封。我的邮箱每天都能收到五六百封邮件，多的时候甚至能收到上千封。如果一封一封地读，并一一回信的话，仅处理这些邮件，就需要花6~7小时。

这可太令人担忧了。这样的话，其他重要的工作岂不是根本来不及去做？

不算不知道，一算之后，再次实际体会到了时间是如何浪费掉的。从那以后，在处理邮件方面，我采取了并行处理的方式，基本上由自己处理，没有时间的时候委托秘书处理。

有时候，不方便在电脑上读邮件，就请秘书帮忙打印出来，边读邮件边用录音笔录回信内容，请秘书帮忙写回复邮件。比较复杂的案件，会亲自回复邮件，或者通过电话直接沟通，因此节约了很多时间。花在处理邮件上的时间，减少到原来的四分之一左右了。

想必大家也在处理邮件上花费了很大一部分时间。尤其是假期结束后，一打开电脑，邮件多到令人头疼，仅仅处理邮件就要花上一天时间。估计大家都有过相似的经历。

麻烦的是，人们会把写邮件当作在工作。还会产生这样的错觉：邮件发出去后，工作就完成了。这很糟糕。事实上，很可能对方根本就没读这封邮件，或者你未能把自己的意图准确地传达给对方，导致事情毫无进展。这样的情况时有发生。

而且，因为在邮件中，双方无法直接对话，经常会出现收件、发件、收件、发件，邮件来来回回好多次的情况。

例如："什么时间见面谈呢？"→"我基本上什么时候都行。"→"那么，下周三下午 2 点怎么样？"→"不好意思。就在刚才，周三下午 1 点已经安排了别的事。下午 4 点以后可以。"→"那个时间我不方便。那就只能安排在下下周了，怎么样？"→"下下周的日程，现在还排不了呢。"……听说会有这样的邮件，没完没了地来回发。

这种情况，通过电话交换信息的话，只需要两三分钟的时间，通过邮件却来来回回地发了两三天时间。说不定邮件还没发完，这次会面的机会就已经泡汤了。

为了避免犯这种愚蠢的错误，合理地处理邮件很有必要。当然，不一定每个人都有能帮自己处理邮件的人，如果无法像我一样处理邮件，我建议能在电话上回复的事情都通过电话回复。仅仅如此，就能显著地提高时间效率。

仅从邮件就能看出，日本还远远未达到能充分运用 IT 的优势，高效开展工作的水平。IT 确实是非常便利的信息和沟通工具，可若使用不当，就会陷入只能享受它的劣势的尴尬境地。

🌑 高效休息法

围绕着时间节约方法大写特写,可能会给人带来一种错觉,以为我片刻不休,一直在工作,感觉"喘不过气来"。请大家放心,在休息的时间,我会好好休息。

否则的话,就不会专门留出时间来实现"健康"和"家庭"方面的梦想了。其实,休息本来就在我的行动计划之内。

这么说起来,可能又会有人说:"我希望休息时能什么都不用考虑。"可是,这就是我的天性,无法改变。对我来说,漫无目地休息、玩耍,一点儿都不好玩。

也许大家只是没有意识到而已,很有可能也跟我一样。比如,出于偷懒放下工作,从早到晚呆呆的,什么都不做,感觉怎么样?我想,绝没有你想象中那么心情愉悦。

但是,工作时全身心地投入,以"工作告一段落了,该进入期盼已久的放松时间了。要保持身心健康,这是必不可少的"的心态去休息,心情应该会非常愉快。

某位男士说过这样一段话:

"趁休假时有时间,去了趟夏威夷,却只是躺在沙滩上放空自己，总觉得有点空虚。登机之前还一直在忙工作，好不容易赶上飞机，飞到了夏威夷，也尝试了各种各样的水上运动项目，但唯独躺在沙滩上时，才感受到幸福。一定是平时沉迷于工作，即使休息时也在不停地工作，于是决定好好放松一下，以便补足能量，去面对接下来的工作。如果不能精神抖擞地度过每一天，就连休息也会黯然失色。"

的确如此。总而言之，这是"张"与"弛"的问题。

我平时就告诉自己，不仅工作时，休息时光也要充实地度过，所以才能充分地休息、尽情地玩耍。另外，正是因为注意节约时间，全身心地投入工作，才能抽出时间来休息。

确保有足够的休息时间，带着与工作不一样的充实感度过休息时光，这也是商务人士必不可少的一种能力。

我一直无所顾忌地说"我的爱好就是工作"，只有在中元节和年末才会休假。

工作日的晚上和周末也一直在忙工作。

只有在周末晚上的几小时里，才会稍微放松一下。这一点时间，我一般会在工作结束后，在健身器材上锻炼1小时左右，或与家人一起吃饭，或边看电视、电影，边喝红酒，然后就呼呼大睡了。通过这些活动，按照计划，去消除一周的疲惫，为迎接新的一周养精蓄锐。

与此同时，我会保证自己有足够的睡眠。公司上市之前，我每天只睡3小时左右的觉，现在则保证每天有不低于6小时的睡眠。手账上的其中一个目标，就是"保证6~7.5小时的睡眠"。

让大脑休息、让身体放松，当然头等重要。

●"灵感"的诞生

工作起来一分钟都不愿意浪费的我，当然也会休息。大脑已经疲惫不堪，再怎么鞭笞它，效率也只会一路下降。要把"大脑效率"维持在一定的水平，就需要有放松的时间，把身心从高度紧张的状态中解放出来。

这种休息非常有效，这是因为，好的想法总是在休息时出现。

首先，就我个人而言，可能是把上厕所的时间作为休息时间的缘故吧，很多想法都是在上厕所的时候想到的。其次，还有洗澡时、睡醒后，也经常会有好的想法。尤其是很努力地思考，却迟迟拿不出方案时，一进入休息状态，好主意立刻就冒出来了。

这不是偶然现象。正如"一切偶然都是必然"这句话所说，休息时收获灵感也有其原因。我能想得到的原因有以下两个。

一是休息时，之前一直在大脑中盘旋的想法，自然而然地开始以自己的回路东奔西突、交织碰撞，意想不到的结合就从思维的碰撞中应运而生了。就像玩拼图游戏，正好找到了缺失的那一片，可以把拼图完美地拼接起来。

关于大脑中这种不可思议的活动，亨利·彭加勒（法国数学家）曾在他的著作《科学与方法》一书中提到。我是在一本商务书上读到的，书上引用了彭加勒本人取得数学上的重大发现时的经历，得出了以下这样的结论：

试图证明一个定理，为此埋头于研究，却总是找不到解法。于是为了驱赶疲惫，喝了一杯平时不爱喝的咖啡，休息一下。结果，无数个想法开始在大脑中碰撞，很快就想出了两种解法。科学上的独创，都是意想不到的异质要素的结合。如果没有经历过集中思考的"有意识的活动的时期"，就不可能产生能出成果的灵感。

尽管我不是科学家，但我也曾多次亲身经历过，当我从工作中抬起头，停下来休息时，想法竟然自然而然地成熟起来了的情况，所以我非常认同书中的说法。

细想一下我们小时候听到的故事，阿基米德在洗澡时发现了浮力的原理，本杰明·富兰克林在辗转反侧的睡梦中，想到了用风筝来引雷电的实验，詹姆斯·瓦特在打完高尔夫后，获得了改良蒸汽机的灵感。

古今中外很多伟大的发明，都诞生于休息时间，这应该不是偶然。

二是休息时总是下意识地翻阅手账。手账令我得以返回原点，只要看到上面写的文字，大脑就会很清楚。重新认识梦想，可以帮助我找到正确的方向。

休息时一直把手账放在手边，方便把灵光闪现的想法当场记录下来，避免出现"好不容易想出来的创意，一转身就忘了"的情况。

我由以往的经验得知，好想法大多诞生于厕所、浴室和床上，所以就连休息时也是手账不离手。上厕所时带着手账，洗澡时也带着手账，把手账放在更衣间。就连睡觉时，也把手账放在枕边。

工作时，最喜悦的莫过于"灵感闪现"的瞬间。长时间的集中思考，瞬间的休息以及手账，会为我制造这种喜悦。

Chapter 07

高速成长的十六个基本法则

比金钱更重要的

之所以写这本书,是因为我想向大家介绍手账的强大功能。可是,一定会有人说:"我看是经营者熊谷正寿的书,才把它买回来的。人生啦、梦想啦,可以不谈,总要讲点经营方面的内容吧。"

所言极是。我自称"手账信者"和"手账传道士",既不是讲工作方法的讲师,也回答不了人生的问题。我的本职工作是经营企业。因此,在本章中,我将对我在自己公司实践的管理方法和组织论进行简单介绍。

首先,我想强调一点,"在公司里,有一种东西比销售额和利润更重要"。当然,谈公司经营,离不开销售额和利润的提高。但是,在我看来,销售额和利润是"使公司存续下去的手段",绝不是"公司经营的目的"。

那么,我经营公司的目的是什么呢?是"向更多的人传达互联网的乐趣、便利和感动"。

十多年前,第一次接触互联网的我,受了强烈的冲击。脱口而出的只有"太厉害了"这一句话。操作着鼠标和键盘,各种画面接二连三地呈现在眼前，我已经不记得自己说了多少个"太厉害了"。我想把这种感动分享给别人，这就是我事业的出发点。

于是，我最初从事的是接入事业。事业一开始，接入者一个劲儿地增加。这证明了与我有相同感动的人越来越多，我收获了至高无上的喜悦。营业数字的上升，只不过是这种喜悦被量化的结果。

后来，由于预见到接入事业出现过当竞争，我早早地就把事业核心转移到了域名服务器事业。从事这项事业的初衷，也是希望把互联网的强大功能传达给更多人。

互联网上，有各种各样的网站。有生活实用信息网站、横跨多学科的专业知识网站、各种领域的爱好者们创建的粉丝网站、发挥像自由市场一样的作用的拍卖网站，以及可以与陌生人随意交流的网站。

这些网站好像呈现出了街市的繁荣，域名服务器事业就是专门管理互联网上丰富多彩的网站的事业。

我热爱街市的繁华，那里有商店、餐饮店、娱乐设施、教育中心等，应有尽有。相比只有井然有序的办公大楼的漂亮街市，我更喜欢既有漂亮的大楼，也有各具特色的建筑物和小店林立的小路，各种各样的建筑物混在一起，工作、娱乐和人情气息混杂在一起的街市。

我觉得互联网就应该是这样的街市，希望有越来越多的人进入互联网,就好像越来越多的人到街市上寻找乐趣一样,希望他们充分地体会到这种乐趣。基于这样的初衷,我才开始做这项使互联网更丰富多彩的事业——域名服务器事业。

因此,经营公司最重要的目的,绝不是追求销售额和利润,而是与员工、顾客、股东、合作伙伴等分享经营者的梦想和感动。

如果经营者没有与别人分享自己的感动和梦想的想法,只是瞄准销售额的数字发展事业,会怎么样呢?员工会无法从工作中收获喜悦,纯粹为了薪水而工作,也会满不在乎地换到另一家薪水稍高的公司去工作。

另外,顾客也会只根据物价这一个标准评价商品,一味地追求"更便宜"的商品。就连与公司拥有同一个梦想才来投资的股东也会同样如此,如果销售额的数字不上升,股价稍微降低一点,股东就会立刻拂袖而去。

不过,如果带着公司与员工、顾客、股东、合作伙伴等利益共存者之间共同创造、共享"笑容"与"感动"的强烈念头去开展事业,想必一定能收获金钱也无法撼动的感动。这样一来,销售额和利润自然会得到保障。

你在结婚十年后,试着问妻子:"你当初为什么愿意跟我结婚?"如果对方回答说"因为你有钱呀",难道你不觉得可悲吗?这样的婚姻,就变成了"钱在人情在,钱尽缘分断"。如果是因为"希望与你为了相同的梦想携手走下去"而结婚,那么,这对夫妻无论遇到什么困难，都能相互扶持着走下去。

在我看来，如果经营者不能让所有的相关人员产生共同实现梦想的想法，总有一天会遇到不幸。

接下来将介绍我的管理方法，而管理方法的根本就是要有以上这种想法，请务必记住这一点。

● 自主性提升

经营者的作用之一，就是打造一个令员工"主动工作的组织"。

记不清是什么时候，开始流行"等待指示的员工"这一说法。近年来，多次听到这样的声音："上司不指示，就不知道应该做什么的年轻员工越来越多。"

我能理解这种为等待指示的员工而感叹的心情，不过，作为经营者，应该首先思考如何让员工主动工作，并想办法打造一个这样的组织才是。如果组织能顺利地发挥作用，等待指示的员工就会自然地、自发地行动起来。

经常听到这句话："将领应身先士卒。"不要安稳地坐在公司经营者的位子上，而是去打头阵。经营者的确应该有这种意识，可是，问题在于：如何行动？

其实，我本人并不经常去一线巡视。目前，GMO集团的年销售额接近160亿日元，这些全是一线员工主动完成的。我所做的，首先是确定事业的发展方向，决定哪些工作应该做，哪些工作不应该做。

以日本战国时代为例。群雄割据的武将们为了扩大自己的领土不停地打仗。这时，总将领的工作是什么？是自己骑上战马，挥舞着刀剑去突击吗？恐怕不是。

总将领的职责，是考虑："要统一天下，必收的是哪一个城市？""有没有什么不让自己受损失的战斗方法？""与哪个武将联手更有利？""要想让国力富起来，应该怎么做？"……俯瞰自己参加的这场战争的全貌，在明确理解这一局面的基础上，分析应该采取的战略，并给出这样或那样的指示。这就是总将领，换言之，经营者的工作职责。

把任务分配给员工即可。这时，必须有一个令员工主动工作的组织。社长主动行动很重要，更重要的是，打造一个这种"员工能主动工作的组织"。

这个组织可以借助数字将管理贯彻到底，依据公平、公开的竞争原理，并通过调动员工的干劲和竞争意识来实现。

目标力量

最近,年轻的创业者越来越多。可是,还是有人认为"经营公司或店铺,还是要达到一定的年龄才行,再怎么有能力也无济于事"。其实不然,只要有干劲,十几岁的年轻人一样可以成为出类拔萃的经营者。

我的父亲是一位实业家。他从"二战"后在新宿伊势丹后面卖小豆汤起步,后来陆陆续续地开了游戏厅、餐馆、电影院,又包租大厦、舞厅,就这样一步步地扩大了事业规模。

一天晚上,我听到父亲对母亲说:"长野游戏厅的店长突然说要辞职。"父亲在长野开了一家游戏厅,好像经营状况有些不好,店长突然提出要辞职。

在隔壁房间无意中听到了这件事,我立刻推开隔扇直言不讳地说:"我去长野,把那个店盘活。"

当时,我只有18岁。抱着"将来成立自己的公司"的模糊梦想,尽管已经在寻找商机,但当时还是像现在所说的临时工一样,做过舞厅DJ等工作,且不断更换着不同的工作,过着"浮萍一样的生活"。

现在回想起来,简直无地自容,当时的我真可谓口出狂言。

然而，父亲真的把这项事业交给了我。

于是，我18岁时，就走马上任去管理一家大型游戏厅了。游戏厅占地1200坪（约为3960平方米），店员足有30人，年龄在二十几岁到四十几岁不等。那时候，我把自己能使出的本事全用上了。从打扫卫生等杂事，甚至钉钉子都自己上手去做，到提高赠品的品级，重新开展员工培训。

经过这样一番努力，眼看着店里的客人又多了起来。我只用了一年时间，就成功地把曾在该地区十三四家店铺中排名倒数第一的店铺，打造成了正数排名第一的店铺。

不仅如此，员工们也对我这个18岁的毛孩子竖起了大拇指，开始服从我的管理。我今年40岁，回过头去想，"有一天，突然来了一个18岁的年轻人指示我做这做那……"，禁不住发抖。不过，最终，我为店铺所付出的热情，成功地把员工们"怀柔"了，让他们放下了对我的排斥。

成功地让一家游戏厅起死回生的经验，是我在管理方面开窍的契机。这是我年仅18岁时，获得的重大的成功体验。

通过"预期管理"及早获取数据

为了持续提高业绩,很多企业都导入了"目标管理"。我们 GMO 集团也设置了目标达成的评价标准,不过,与其他公司不同的是,我们采用了"预期管理"来管理数字。就是在月初设定目标,然后通过每天确认的方式,来确认预期数字以及能否达成目标。

比如,5 月的目标是发展 1000 个新客户。倒推一下,每天的目标是 50 个。假如第一天实际完成了 55 个,那么,大家一起分享喜悦,为多完成的 5 个业绩庆贺。与此同时,把一个月的预期数值改成 1100 个新客户。每天如此,根据每一天的实际业绩去设定预期数值。

采用这种方式,在预期较好的情况下,相应提高目标数值,经营状况会变得越来越好。反之,在预期不好的情况下,则尽早采取措施。我们公司的管理人员,都根据这个预期数字来对员工进行奖惩。

一般的企业,大概都是在次月确认这个月的数字,并对员工进行奖惩。

可是，采用这种方式，尤其是在业绩较差的情况下，会出大问题。"上个月的业绩不理想，这个月要改善这一点"这样的指示不够及时，至少需要两三个月的时间才能看到改善的结果。另外，业绩好的话，也无法期待有进一步的提升，因为看到目标达成后，紧绷的神经就会松弛下来。

采用"预期管理"的方式，可以对每天的数字保持敏感。月中的时候，就能相当准确地把握"这个月的数字"了。过去的数字，再怎么努力都不可能改变，但是未来的数字，只要努力，就还能扭负为正。

在我看来，本来就应该每天对数字核对好几遍。如果一个月才核对一遍，"上个月比较差，这个月要努力"，这种为了达成目标而做的努力就过于滞后了。但是，一天核对三遍，就可以做到"上午 11 点的业绩不理想，下午 3 点之前一定要出成果"。这时候努力还不晚，也会取得一定的效果。因此，业绩上升的速度会猛地加快起来。

要通过设定目标和"预期管理"来尽早获取数字。我确信，这会是令业绩持续上升的关键。

决策的基准

自不待言,社长是公司的掌舵人。同时,社长还是公司的关键人物。他掌握着许多人打开幸福之门的钥匙,其中包括顾客、共同工作的员工、毫不吝啬地为事业提供帮助的股东等人。

也就是说,作为社长,他的决策基准应该是这些人能否收获"笑容"与"感动"。只需要明确这一点,员工的行动就会不一样。处理工作时,不仅仅是社长,所有人都应该有这样的视角——"自己能否从这份工作中获得幸福。能否使顾客满意。合作伙伴是否会因为与我们一起工作而感到开心。能否持续提高业绩,最终为股价带来积极影响,以满足股东的期待。"

行动的结果,会因是否拥有这种视角而自动改变。员工不会仅仅为了物质而工作,也不会只顾眼前的利益而迷失了前进的方向。与此同时,员工会为自己的工作而感到自豪。

假如你所在公司的经营者忘记了"笑容"与"感动"的行动基准,你作为在他手下工作的员工,将这种思维方式运用于实践也很重要。自己改变了,你周围的环境也会随之改变——把终极目标放在大家的"笑容"与"感动"上,这样的工作态度总有一天会渗透到周围的环境，为改善组织的体制带来或多或少的影响。

迄今为止，我本人在做所有决策时，一直都以"笑容"和"感动"为价值基准。比如，把互联网事业作为公司的"生计"，也是为了"笑容"与"感动"。从"能否为社会乃至个人的幸福做出贡献"的视角来考量互联网事业，我得到的答案是："能。今后，互联网会像自来水、电、天然气一样，成为人们生活中的必需品。在这一领域创造新的文化和产业，非常有意义。"给了自己一个信号。

本书中所写的我的经营论，或许有点苛刻。其实，我的经营论的根本，是追求大家的"笑容"与"感动"，希望大家了解这一点。我处处求"胜"，把"赏罚分明"作为口号，用数字对员工严加约束，所有的这一切，都是为了世人、员工、合作伙伴、股东，以及我自己的"笑容"与"感动"。

● 永不厌倦

在选择事业时，除了"笑容"与"感动"之外，还有另外一个重要的视角——自己"是否能永不厌倦地做下去"。

人普遍缺乏耐性，我也不例外。我绝对称不上有耐性，也不具备持续做一件事却不感到厌烦的能力。可是，要成就一番事业，"持久力"必不可少。如果动不动就说"太烦了，我不干了"，就等于从大家手中将"笑容"与"感动"夺走了。

不过，再怎么没有耐心的人，也会有他"可以永不厌倦地持续做下去"的事情，那就是自己喜欢的事情。做自己喜欢的事，几年、几十年一直做下去都不会感到厌倦。带着梦想，做能够刺激自己探索与寻求价值的事，即使明知道"赌上自己的一生，也无法走到终点"，也会继续努力，不言放弃。我认为，必须选择这样的事业。

这也是父亲对我的教诲。父亲用了"生意永不厌倦"这样一句类似台词的话，告诉我"做生意不能轻易放弃，要耐着性子坚持下去。能坚持下来的人最终都能成功"。

凝视着写在手账上的这些文字，我得出了结论，互联网事业就是我"永不厌倦的生意"。因为我觉得自己在互联网方面就反应迟钝了，带着"让所有人了解互联网"的目标，还有许多想做且可以做的事。

这与选择职业也有相通之处。尽管所有人都把爱好作为职业不太可能，但从你目前所做工作的某个地方，一定能找到令你"永不厌倦"的主题。如果工作中有强烈想"一探究竟"的主题，工作就会变得有趣得多。

🌑 没把握做到第一，就不要去做

我从二十几岁起，做什么事就都追求做到第一。一方面是性格原因，"比一般人更好强，做什么事都必须获胜，不获胜就心里难受"；另一方面是觉得，既然着手开创事业，不获胜就无法获得"笑容"与"感动"，即无法收获幸福。

我没有权力白白浪费自己的努力，更不能让所有与我事业相关的人失去幸福。所以，我一直执着于"获胜"。

我有以下三个"获胜的基本方针"：

①没把握做到第一的事，一开始就不要去做；
②不战而胜；
③养成获胜的习惯。

关于第一个方针，乍一看，可能会被认为是缺乏挑战精神。

不过，这绝不是不经过调查就认定"无法做到第一"而望风而逃，也不是不做分析就胆怯而退，而是在慎重地分析了未来可能性的基础上，再迈出脚步。

某位上市企业的经营者曾经说过:"好的事业,不能操之过急。"我深感认同。看到好的事业,就急急忙忙地扑过去,一旦被别人占了先机就感到焦虑,导致判断力变迟钝。就像相扑选手在场上因用力过猛,自己的脚先迈出场地一样。趁势猛攻固然没错,可是因此失去继续参赛资格就得不偿失了。类似的状况非常多。

我无论看到多么好的事业,都会做个深呼吸,根据前面讲到的核对表等认真探讨一番,如果觉得"可以!能做到第一!"内心受到了鼓舞,就安排人去为新事业做准备工作。

经过了这样的过程,"成为第一"的梦想开始变得具体起来。有时候,也会出现最终没有成为第一的情况,那是之后根据进展情况再去考虑的问题。如果一开始就觉得"不可能做到第一",以这样的态度去开发新事业的话,也会没把握获胜。因此,要把能让自己确信"做到第一"的依据敲定下来。最重要的是,提高"做到第一"的气势,无论最终能否成功。

● 打造实力

第二个基本方针是不战而胜,换个说法,就是"打造自己的实力,无论与谁对战都能获得压倒性的胜利"。当对方觉得"对战也没有希望能赢"时,你就能实现"不战而胜"了。

在我看来,对战而胜属于下策。因为战斗得越激烈,双方越容易犯下消耗人力、物质和金钱的错误。

就像国与国之间发生战争,人民会遭遇不幸,军人会疲惫不堪,国家会变得贫困一样。尽管会有一部分人从中获利,但建立在大多数人的不幸之上的幸福,不是真正的幸福。

企业之间的战争,最难"获胜"的,是与势均力敌的对手打持久战。急于追求"胜出",很容易演变成激烈的价格战,最后两败俱伤。这样的例子数不胜数。

这样一来,员工会觉得不幸福,产生"不停地工作,可我还是过得不轻松。一直盯着工资明细"这样的想法,公司也会苦于没有利润。

也许以较低的价格购买到商品的消费者会有一点幸福,但企业的薄利多销,会给国家的税收带来很大的损失,导致经济低迷，从而使人们的生活也受到很大影响。

而成为"压倒性的第一"，则可以保住和平。如果不需要进行无谓的竞争的话，就没有企业会选择"自残"，顾客也可以以稍高的价格享受到品质更优的服务。就连政府也可以确保有稳定的收入来源。当然，公司也会因业绩提高而实现进一步成长，获得充足的资金，然后可以用它来回馈员工，还可以有余力为提高服务水平而投资。既守住了让大家都幸福的目标，又能使事业更上一层楼。

这原本是理想的境界，事实却是"知易，行难"。我为了达到这种"不战而胜"的理想境界，选择"第一个踏上藏有宝藏的无人岛"——先于其他人开展新事业，当同行业的竞争者多起来后，通过"追求压倒性的差别"，努力发挥令人无法企及的实力。

这是我从实际体验中得到的教训。我曾经根据自己的判断，缩小了自己开创的接入服务事业的规模。因为这项事业不是压倒性的第一，而是"勉强做到第一"。

1997年前后，我到硅谷去寻找"接下来要入手的商业素材"时，发现了服务器租借事业和域名注册事业。此行获取的商业素材，简直像"第一个登上无人岛"一样。

当时，租借服务器的价格高达10万日元以上。不但如此，要租用服务器，大都需要购买专业知识服务。另外，域名注册的初期费用也高达几万甚至几十万日元，大多数服务商还以域名维护为名每月收取几万日元的费用。与此同时，一般人很难理解这些服务。

我以"价优且简单"的概念，开发了租借服务器业务，并启动了相关服务。价格比市价低一大截，为使用服务器的用户免费注册域名，使所有人都能很容易地拥有自己独有的域名网站。

不是为了赢得同行业的其他公司，以相似的服务打破现有价格，而是通过技术创新，以适当的价格推出具有划时代意义的服务，开创这项尚未有任何人进入的新事业。幸运的是，GMO集团的租借服务器业务，目前有将近11万法人在使用，已成为日本最大的服务器租借公司。

此外，1991年，经互联网管理机构ICANN批准，GMO集团成为日本唯一的公开域名注册机构（Register），开始以"名称.com"的名称开展公开域名注册业务。

这一快举，秉承了"让所有人能够使用互联网"的思想，ICANN在世界各地举办集会时，我每次都会派遣公司的员工去做志愿者。或许是这一功绩得到了认可，尽管为此花了很多经费，我仍为对互联网的普及做出贡献而自豪。

总之，每一项事业现在都是"压倒性的第一"，现在得以打造出了好几个"不战而胜"的状况。当然，要想维持这一地位，还需要继续努力，这一点无须赘言。

另外，要实现"不战而胜"，还需要跟同行业人士保持良好关系。人与人之间，只要互相认识，了解对方的人品，互相认可，对对方的敌意就会减半。平时多交换信息，多留出时间一起交流共同的梦想，即使你"霸气"地扩展商业版图，对方也不会对你恨之入骨。对方会发愤图强，下决心："我也不能认输，好好努力！"

那么，关于第三个方针是"养成获胜的习惯"，这是近来常被人提起的一个说法。当公司养成获胜的习惯时，员工们无论处于多么艰难的境地都能忍受下来。不管有多难，他们都会咬紧牙关坚持到最后，展示出不同寻常的耐力。

失败和成功的关系也是一样。失败后，自己放弃的话，失败就会变成真正意义上的失败。可是，如果把失败作为精神食粮，继续努力，失败就可以转变为成功。商务活动中的"获胜"，是在真正成功之前一直坚持，是真正意义上的成功。

在GMO集团，每个人都带着"必胜"的信心投入工作。这发挥了不可小觑的力量。

无关工作的种类和内容，商务人士把以"成功"为名的"必胜"作为目标，是一切的基本。

不过，在我看来，"为了出人头地，努力赢过某一个同事"或"抢在同行业其他公司之前争抢订单"之类的想法并不好。时刻把他人或其他公司作为假想敌，来增强自己的工作动力是很有必要的，不过，最重要的是，带着"我们成为第一""我们的公司成为第一"的目标，有意识地培养出令其他人一眼就看得到的实力。

细节定成败

在 GMO 集团，关于细节方面的规定有几十项。比如，员工办公桌的摆放方式、电脑的配置等都需要严格遵守公司的规定。接待室里，桌子的位置也是固定的。地板上全做好了标记，桌子稍微偏离指定位置的话，就能立刻被发现。当然，我会让他们立刻把桌子恢复到指定位置。

公司的厕所也有相关规定，公司要求每一个员工用完厕所后要把洗手台彻底擦拭干净。在厕所的清洁度上，我有足够的自信。

之所以严格要求大家遵守这些细节方面的规定，有以下两个原因：第一，出于保证业务效率的考虑；第二，是不能在自己的地盘上出纰漏。一家不注意细节的公司，很容易被合作伙伴或顾客发现弱点。

组织力，就是彻底执行力。当大家都有追求细节的意识后，公司的凝聚力就会增强。而凝聚力会让你们更快地在与其他公司的竞争中获胜。

● 把优秀人才打造成明星

在人事和报酬方面，我引入了"明星体制"。简单来讲，就是把"能力主义"贯彻到底，升职和年薪都与能力挂钩，坚持"一分付出，就有一分收获"。设置了所有人都认可的评价标准，把实际业绩和薪酬都公开，让所有员工都能看得到明星员工的成绩。让每一位员工都清楚"自己也有机会"，从而增强工作动力。

把通用电气公司（GE）培养成世界最强的企业之一，他本人也被评为"20世纪最佳经理人"的杰克·韦尔蒂先生，曾说过这样一段话：

充分褒奖优秀人才，排除无能之人。果断的差别化会培养出真正的明星，这些明星会创造出优秀的工作。（《日本经济新闻》2001年10月11日朝刊《我的简历》）

韦尔蒂先生认为，体制可以最大限度地激发部下的干劲，我深感认同。不久之前，日本普遍还是按照"年功序列"来决定升职和薪水。在这种体制下，很多人对工作失去了干劲。我曾经听到过这样的抱怨："工作再怎么努力，工资也不会因此而增加，基本工资也只能提高一点点。感觉公司只知道让我干活。""工作进展慢的人倒能挣一些加班费，比工作进展快的我月收入还高。明明我对业绩的贡献更大。"在这种体制下，企业不可能快速成长。

在这方面，GMO集团的人事和报酬体系非常简单：不管怎样，评价的对象是数字——严格地说，只看是否达成了目标数字。在GMO集团，不存在"尽管没有达成目标，但努力值得肯定"的说法。没有完成目标数字的原因，要么是不够努力，要么是努力的方向错误。虽然自己有心努力去做，但过程出了问题，也会影响个人的最终评价。

也许会有人觉得太苛刻了，但仅凭数字进行判断，是较为公平的审定方式。不会再有员工为了给上司留下好印象而搞小动作了，也避免了员工之间产生嫉妒心理。

另外，各部门负责人的报酬体制由他们自己决定。

我认为，如果能给顾客带来笑容与感动，能为公司增加盈利的话，各部门负责人的报酬也应该大幅上涨。因此，我提倡采用"收入基本上涨。褒奖努力达成目标者。即使公示也没有人觉得不公平"的体制，并在最终方案的基础上进行微调。"既然是自己决定的，就不能说不满"，这是秘诀所在。另外，负责人的任期是一年，升职或降职由是否达成目标来决定。报酬方面，只要达成了目标，第二年即使他不主动提也会帮他涨薪，未达成的话则自动降薪。这些信息都会被公示出来，全体员工都能看到。

这样一来，收入的多少由数字来印证。这一点一目了然，同事们承认收入多的人很优秀，而且收入多的人也会因此变得更加自信。

普通员工的收入不进行公示，但薪水会根据实际业绩每3个月调整一次。当然，不是"固定薪水+能力薪水"，而是"100%能力薪水"。另外，临时工的话，则每个月开一次时薪判定会议，与会人员可以畅所欲言，比如"××能力比我差，不应该提高他的时薪"，或者"××的工作状态很棒，可以把他的时薪调高200日元"等，大家踊跃发表意见，互相决定时薪。

与此同时，我自己担任社长的任期也是一年。如果公司的业绩下滑，我也要相应降职。这就是所谓的作为经营者"对业绩负起责任"。

55 年计划

我 20 岁时,之所以把 15 年作为制定未来年表的期限,其实是因为,"把 B4 纸横过来制作表格时,只够放得下 15 年"。现在回过头去看,15 年,从结果来看,倒确实是一个相当不错的期限。

15 年后,我再次着手制作自己的人生年表,这次则变成了"55 年计划"。在这份计划上,以数字的形式,把公司要经历怎样的过程,将来如何成长为销售额达 10 兆日元的企业等,都体现了出来。不仅有销售额和利润,就连员工的人数、集团公司数、上市企业数等,都在表格里标明了目标数值。

把期限设定为 55 年的原因有二:第一,是我把竭尽全力工作到 88 岁作为目标;第二,源于与人类生活息息相关的自然循环。

太阳活动的周期为 11 年,太阳运转 5 个来回,也就是 55 年,是一个大的循环。与此同时,太阳黑子的推移会对人类的活动带来影响。所以,我结合它制定了数值目标。

其实,在制作"15 年的未来年表"时,我就在最下面一行设置了"未来预测"这一项目。在那里记录了报纸或杂志上报道的,以及来自各种调查机构的未来数字。例如,看到"×年后患阿尔茨海默病的老人会占总人口的百分之几"这一报道,我就把它记在年表中。相关信息积累多了以后,仿佛真的能预见到未来会发生什么事。

记录在同一栏中的,还有"太阳黑子数"的预测数据。读了《太阳景气经济学:太阳活动如何影响经济周期》(岛中雄二著)一书,我对"太阳活动与景气的长期变动之间有着密切关系"这个问题产生了浓厚的兴趣。而且,我有了一个想法,即"55年计划,要结合根据太阳黑子预测出的经济动向来考虑"。

这么说或许有点像预言家了——太阳黑子的数量与经济动向的波长真的完美匹配。例如,在太阳黑子迎来峰值的1990年,发生了经济危机,在下一个峰值到来的2001年,又发生了互联网危机。我邂逅互联网是在1995年和1996年,当时正好太阳黑子位于低谷,经济呈现出复苏的征兆。

我筹划这个"55年计划",发生在互联网危机之前,这之后的经济动向与根据太阳黑子预测的动向完全一致。我窃喜,"太阳黑子的推移与经济动向步调一致得到了证明。在制定预算时,结合波长,把这一年作为积极期、那一年作为消极期是正确的"。

不过,自然循环只能作为参考,确定目标数值,并完成目标的毕竟是我们人类,绝不是在工作中"求神保佑"。请不要误解。

顺便说一下，自启动"55年计划"，已经过去了大概有5年的时间，目前还是顺利地按照计划进行着。根据这个情形，我更加确信，我制定的目标都能顺利实现。

开放式信息共享

GMO集团的口号是：我们是一个开放式的公司。因此，我有足够的自信说，在这里任何人都可以畅所欲言。

因为是IT企业，非常盛行通过邮件进行意见交换。当然，不仅限于邮件。

例如，前面提到的"55年计划"。不用说，这个"55年计划"就是应该与全体员工共享的计划。因此，我不仅把计划通过邮件发送给全体员工，还把同样的内容放在了名为"NASA体系"的企业门户网站上。

"NASA体系"就相当于飞机的驾驶舱。在这里，可以阅览公司的一切信息。恐怕在日本，最早启动公司内部门户网站概念的，就是GMO集团了。

此外，我还把每年基于"55年计划"列出的"今年的重点目标",通过邮件发送给全体员工。目的是把目标更清楚地展示出来,让员工们再次意识到"今年的目标是这个哟"。

"反复查看目标,清楚现状与目标之间的距离,并努力缩短这一距离"这一熊谷式行为方式,我已经灌输给了员工们。

当然,信息共享和开放式的意见交换,仅靠邮件或互联网是远远不够的。仅靠这些来征求意见还不够,所以,我还定期举办以部门为单位的会议。在会议上,我会有意识地与更多的员工进行意见交换。

无论是核对数字还是对部下进行奖惩,实物式绝对比数字式的效果更好。我本人会尽可能地与员工面对面,如果实在无法实现面对面,就通过电话语音交流。

在手机上开通 FOMA 功能,也是出于这个原因。

○ 把志向统一

在 GMO 集团,有一种"精神宣言"——相当于普通公司的社誓·社训,或者愿景、使命,由"梦想""愿景""基本思想""态度"这四个模块组成。

我认为,企业要想保持持续发展,与全体员工共享以下三个志向：

①员工愿意为社会生活的哪一方面献出自己的"梦想"；
②宝藏在哪里，靠什么事业赚钱；
③为了什么而存在意义上的"基本思想"。

这三个志向，和作为基本行动原理或原则的"态度"，以及由这些归纳出的一句话，同时也是公司内外广为人知的企业口号——"让每一个人用上互联网"，这些都非常重要。

"精神宣言"中，具体体现了这三个志向。

为什么要制定这些细节性的规则呢？这是因为，在所有经营资源中，我最重视的是人，希望集团里的每一位员工都能充分发挥自己的才能，力争让集团成为真正意义上打动人心的集团。

只要全体员工抱着同一个梦想，把力量往同一个方向使，公司就能实现"快速成长"。为了公司的成长奋勇拼搏的员工，也能因此而获得个人成长，同时获得满足感。

无论什么样的员工，当领导者把明确的愿景，以及员工应该采取的行动价值标准展示出来后，都会明显变得干劲十足。这样一来，他们才会把公司的成长当作自己的事情来看待。于是，员工会明白，顾客的笑容与感动，与自己的笑容与感动紧密相连。全体员工就可以按照这一共同标准，朝着同一个方向奋进了。

否则，员工会不知道为了什么而工作，会不明白自己存在的意义，渐渐会觉得工作枯燥乏味。至于公司的成长，仿佛根本不关自己的事。当然，工作效率也不可能得到提高。

领导者把梦想宣布出来，指出宝藏在哪里，提示出愿景，并明确存在的意义即基本思想，共享全体员工能够朝着同一个方向迈进的态度。做好这些，组织就能充分发挥它的机能，员工也能拼尽全力。不，员工会发挥出更大的能量。

我认为，GMO 集团之所以能获得快速成长，很大一部分原因在于，在互联网危机中劫后余生后，公司的员工抱着同一个梦想团结奋进。多亏了这股团结的力量。

在危机面前溃不成军的公司，经常被认为是输给了外在的"风压"或强劲的对手。其实在很多情况下，最大的原因在于内部的"倒塌"。当公司风雨飘摇时，决策机能会变得麻痹，然后会有人从公司中逃脱出来，于是公司渐渐自然"倒塌"。

如果在"精神宣言"之下，没有可供发挥力量的土壤，GMO 集团恐怕也已经遭遇不幸了。

何谓风险企业

我认为 GMO 集团是风险企业。关于"风险"一词的定义，我认为尚无正确的解释。或者有可能我所指的风险，与社会上人们所说的风险含义并不相同。因此，在这里，我先把我所说的"风险企业是什么"讲清楚。

风险企业，人们往往倾向于把它解释为在夹缝产业中做某种特殊事情的企业。或者联想到社长很年轻，或者创业没多久的公司。IT 企业经常被当作它的代名词。但是，我却不这么认为。直截了当地说，我认为风险企业是：

拥有某种新技术或新服务，开创新事业，为顾客带来笑容与感动的企业。

向被既得利益占得严严实实，顾客处于不利地位的领域，带来新的技术和服务，致力于为顾客带来笑容与感动的企业。

挑战新技术方面，有向 NTT 发起 ADSL 价格竞争，为日本的宽带普及做出巨大贡献的 Soft Bank 的孙正义社长这样的例子。挑战新服务方面，有为旅行行业带来低价航空券，令日本人的旅行价格明显合理化的 HIS 的泽田秀雄社长这样的例子。在我看来，从事这样的事业，最终又在顾客的笑容与感动下成长，就属于风险企业。

此外，风险企业要想实现股票上市，单纯的成长还不够，应该追求快速成长，否则根本没希望。投资家对风险企业的期望，就是快速成长。如果只追求稳步成长，那么投资家特意为 GMO 集团或其他风险企业投资的意义何在呢？

追求稳步成长的风险企业没有上市的资格。风险企业的目标，应该是上市后每年呈百分之几十的速度增长，分母越小越应该追求百分之几十的增长速度。

每个人都该拥有的实用工具

我对员工的期待，是"拿出社会生活的一部分时间，与我一起拼命奋战"。当然，我知道 100 个人会有 100 种不同的人生观。有人抱着与工作毫不沾边的梦想，有人认为健康应该排在第一位，有人觉得爱好比工作更重要，也有人认为家庭最重要……价值观因人而异。

所以，我不说"把工作放在第一位"，也从来不说"为了你的家庭幸福，来努力工作吧"之类的话。

我只要求他们在工作时，拿出社会生活的一部分时间，"与我一起认认真真地玩一场有趣的游戏""在奖罚分明的组织里玩有趣的游戏，一起掀起一场革命"。原因在于，在工作中完成目标，本来就应该是一个独立的梦想，而不是牺牲了家庭或健康才能实现的梦想。

这方面搞错的话，人会觉得不幸福。人就会遭到情绪的袭击，如"工作中实现了梦想，转身面对的却是无比寂寥的人生"，或者"被家庭束缚了手脚，无法随心所欲地投入工作。因此，不知道人生的意义是什么"等情绪。

为避免这样的情况出现，应该让人生中的所有梦想同时进行。带着这种姿态，为每一个梦想制订一个包含详细进展情况的计划，这一点非常重要。

我就是把手账作为实现梦想的工具，于是走上了理想的人生道路，今后也将一如既往地走下去。手账相当于极其优秀的大脑，这一点无须赘言。如果员工使用手账，我会给予奖励。在"精神宣言"的"态度"一栏中，加入了一行"记笔记吧"。我会亲自去宣传手账的好处，指定"要用手账的话，就选64开的《圣经》大小的"，还给员工发放活页纸。此外，公司分发的所有文件，如辞令或奖状等，都做成跟手账一样大小，正好可以放进活页文件夹里。尺寸比较大的文件，则规规矩矩地折叠起来。

我之所以这么做，是希望每一个员工都能真挚地面对自己的梦想。工作方面的梦想就不说了，还有健康、家庭、爱好、学识、运动……一切梦想，这也是某种"父母般的亲切关怀"。或许是听取了我的意见吧，GMO 集团员工的手账持有率高达 100%。

● 目标信念

目前，我担任 GMO 株式会社的董事长兼社长，公司主要从事与互联网基础设施相关的业务和广告媒体业务。集团共下设 15 个分公司，员工和兼职员工共有约 800 名。

1991 年，我以发展多媒体事业为目标，创办了 Voice Medea 公司。当时，我 28 岁。3 年后，我从拥有巨大可能性的互联网上发现了商机，将公司名称更改为 Inter Kyu，开始从事服务器接入事业。

1999 年 8 月，公司成为国内首家上市的互联网风险企业。

当时，我 36 岁。21 岁时，我在"15 年的未来年表"中写下了"35 岁之前成功实现公司上市"这一梦想。尽管比目标时间推迟了一个月，但总算把梦想变为现实了。

又于 2000 年成立了分公司 Mag Click，并以当时日本最快纪录（公司成立后 364 天），在日本纳斯达克（现维拉克鲁斯）正式挂牌上市。第二年（2001 年）春，公司名称变更为现在的 GMO。在努力发展媒体事业的同时，继续推进 M&A，同时逐步扩大面向法人的服务器租赁业务、域名代理注册业务、网络广告发布等业务，保持持续快速成长。

2003 年，总销售额达到 156 亿日元，经营利润达到 19 亿 4600 万日元。2004 年 2 月，又在东证二部成功上市。到目前为止，事业的成长，达到了 1998 年指定的"55 年计划"的预期。在手账上描绘出的蓝图，也在一点点变成现实。

但是，我的挑战还有很多。我的"55 年计划"中，记载着这样一句话："在我迎来 88 岁的 2051 年，GMO 集团要成长为拥有 202 家分公司、20 万名员工、销售额 10 兆日元、经营利润 1 兆日元的公司"。如它所记载的那样，我描绘了一个庞大无比的梦想。

或许有人会觉得我太不谦虚，这个梦想过于庞大，但对于我而言，这绝不是脱离现实的梦想。我确信，这是一个有可能实现的梦想。

就连索尼，原本也不是风险公司。58 年前，井深大等人在位于日本桥的一座白木屋的三层，把一个连窗玻璃都没有的配电房改造成了办公场所，挂上了"东京通信研究所"的牌子。

- 179

13年后，改名为索尼，从此踏上了新的征程，2000年时已成长为联合销售额达7兆5000亿日元的庞大集团。

我们GMO，目前已经以快于索尼两三年的步调，在成功上市和扩大业务版图的同时，变更了公司名称。结合这些来考虑，梦想不见得实现不了。

更何况，我有用来提高梦想实现的精度的工具——"魔法手账"。到目前为止，我已经顺利地完成了手账上的计划。换句话说，由于每一个行动都是按照手账上的计划进行的，所以成功实现了梦想。

通过对本书的阅读，想必大家已经明白，正确使用手账，它会成为你精彩人生中的指南针。希望大家也能感受到它的力量，并把它运用起来，去实现梦想。

带着手账，一起来踏上实现梦想之旅吧！

后 记

在本书执笔期间,承蒙多方大力帮助,借此机会,向大家致以诚挚的谢意。

东京家具 Plaza 的椎名茂社长,感谢您!十几年前,椎名社长就对我说:"熊谷,你出本书吧。"为了便于理解,还帮我把书具体地画了出来。没有他,或许就不会有这本书。椎名社长对我说的话、为我画的画,至今还珍藏在我的大脑和手账中。

从 GMO 出来后自主创业的各位,请允许我向你们说声"谢谢"。能与各位分享梦想,并一起拼了命地追逐梦想,我深感自豪,感谢你们。此外,在本书执笔期间,对本书投以关注的员工和各位朋友,非常感谢你们。

还有许多人,在这里无法一一写出来,感谢你们以及你们的家人。感谢一直以来支持 GMO 集团的顾客和股东们,正因为有了你们的大力支持,我们才能持续发展。真心地感谢你们。

最后，还有一直不离不弃陪伴我的家人们。
谢谢你们！

GMO Internet 株式会社　熊谷正寿
（旧 GMO·Global Medea On Line 株式会社）